LA GUERRA DE UCRANIA

ENTRE LA «GUERRA SANTA» DE RUSIA Y LA INTRANSIGENCIA DE OCCIDENTE

LA GUERRA DE UCRANIA

ENTRE LA «GUERRA SANTA» DE RUSIA Y LA INTRANSIGENCIA DE OCCIDENTE

Recopilación de contenidos publicados originalmente en la revista AURORA DE CHILE E HISPANOAMÉRICA (2022)

Por

JAVIER ORREGO C.

AUTOEDICIÓN
TALCA
2023
⸏

ÍNDICE

ACLARACIÓN

No apoyamos a ninguna de las partes en este conflicto, nuestra única trinchera es la información y el conocimiento. Para quienes, de manera simplista, conjeturen que la intención de este texto pudiera ser fomentar la creencia de que Putin es "el bueno de la película", están profundamente equivocados. En realidad nuestro interés pasa únicamente por dejar sentado que el bloque occidental, conducido por Estados Unidos, está muy lejos de representar "el lado correcto de la historia" en la guerra de Ucrania, tal como quieren hacer creer los medios occidentales, serviles a los intereses globalistas.

Lo decimos con fuerza: LA GUERRA DE UCRANIA ES UNA GUERRA CRIMINAL Y ABOGAMOS POR LA PRONTA LLEGADA DE LA PAZ.

INTRODUCCIÓN

Ucrania lleva mucho tiempo en el epicentro de la actividad noticiosa. El interés que concita la guerra ruso-ucraniana guarda relación con las enormes repercusiones geopolíticas que entraña este conflicto, además de sus indudables secuelas en el orden de las finanzas y la economía globales. Así las cosas, los medios de prensa tradicionales y alternativos se han dado un festín con la tragedia del pueblo ucraniano. A su vez, los servicios de inteligencia rusos y occidentales han intensificado la guerra psicológica que vienen librando desde noviembre de 2013, cuando estalló en la capital ucraniana la revolución del Euromaidán contra el presidente prorruso Víktor Yanukóvich a propósito de la sorpresiva suspensión de la firma del acuerdo de asociación con la Unión Europea (UE)[1], cuyo objetivo era profundizar las relaciones políticas y económicas entre ambas partes y avanzar en la integración gradual de Ucrania en el mercado común europeo. Las manifestaciones, que tuvieron su foco principal en la histórica Plaza de la Independencia de Kiev, terminaron por provocar la dimisión de Yanukóvich. Desde ese momento, 22 de febrero de 2014, se inició una escalada de violencia que terminó por provocar una cruenta guerra civil centrada en el Dombás, en el este del país, entre los sectores partidarios de estrechar lazos con la UE, e incluso a unirse a la OTAN, y los

---

[1] El acuerdo, oficialmente llamado AA/DCFTA [*Association Agreement/Deep and Comprehensive Free Trade Agreement*], entró en vigencia finalmente el 1 de enero de 2016.

sectores prorrusos.[2] Esta fase del conflicto concluyó con la invasión rusa del 24 de febrero de 2022, que abrió el camino a la guerra abierta de la que estamos siendo testigos hoy.

En general las operaciones psicológicas tienen por objeto manipular a las audiencias y desmoralizar al adversario. Para esto apelan tanto a la diseminación de información falsa o tendenciosa a través de los medios, como a saturar las redes sociales con propaganda, contribuyendo a que, de lado y lado, ardan las antorchas en medio del carnaval de odio, insensatez e intolerancia propio de la mentalidad tipo horda que abunda en estos espacios. Producto de ello se le hace difícil al ciudadano común discernir qué creer y qué no respecto del drama que se ha desencadenado sobre las fértiles estepas de esta ex república soviética.

Este libro, que recoge textos publicados en la revista AURORA DE CHILE & HISPANOAMÉRICA durante el año 2022, ofrece pistas sobre el verdadero trasfondo de lo que está ocurriendo en la antigua *tierra de los Rus*.

---

[2] Oficialmente la Guerra del Dombás se inició el 6 de abril de 2014.

PARTE I: LA GUERRA POLÍTICA

ENTRE LA «GUERRA SANTA» DE RUSIA
Y LA INTRANSIGENCIA DE OCCIDENTE

La guerra de Ucrania se ha convertido en el cruce del Rubicón de dos viejos adversarios que hoy, tres décadas después del epílogo oficial de la Guerra Fría, finalmente están a punto de verse las caras en el campo de batalla: la vieja Rusia, con sus renovados sueños imperiales disfrazados de aspiración por un mundo multipolar, y los tradicionales adalides de la «libertad» y de la «democracia», representados en este trance histórico por la generación de políticos más decadentes e inmorales que recuerden los anales de la patria de Washington, Jefferson, Lincoln y Kennedy, entre otros tantos hombres notables que dieron forma a los Estados Unidos de América. Por supuesto, "la mano que mece la cuna" tras los objetivos estratégicos del Imperio Americano mantiene todavía su careta recurriendo al viejo ardid, cobarde como el que más, de hacer que un tercero ocupe su lugar en la arena en que se bate a duelo con el viejo enemigo. Lo que suceda con el pueblo ucraniano le importa poco en realidad a la clase política estadounidense, tal como en el pasado importaron poco, muy poco, coreanos, vietnamitas, iraquíes, afganos, nicaragüenses, salvadoreños o los hijos de cualquier otra tierra que se encontrara en el camino en su marcha criminal por el dominio planetario.

En este escenario la otrora grandeza de Europa, ese magnífico crisol en el que se fraguó el esplendor de la civilización occidental, no es más que un entrañable pero deshilachado recuerdo de un mundo en el que alguna vez vieron la luz principios superiores que modelaron un tipo de humanidad como nunca antes conoció la historia humana [nos referimos, por supuesto, a la historia registrada, porque hay otra *historia*, una historia oculta y trascendente, verdadera matriz de los hechos externos del mundo, de la que poco se habla y de la que tendremos que ocuparnos en algún momento]. Decimos esto porque esta Europa deslavada y sumisa, herida de muerte desde el término de la Segunda Guerra Mundial, subordinada como quedó a los dos bloques que se repartieron el mundo, ya no es más que un recuerdo de sí misma, más aún después de que los mismos criminales que sembraron la semilla de la revolución global en marcha, con la consabida promoción y defensa de las diversas agendas destinadas a la demolición de la cultura, la tradición y la institucionalidad de los estados contemporáneos, así como a la desmoralización de sus sociedades, soltaron finalmente las riendas de los grotescos jinetes del apocalipsis del siglo XXI: el naufragio del sentido común y de la racionalidad, la guerra contra la ciencia y la sabiduría, la abolición de todo propósito de trascendencia, la deificación del animal-hombre, el olvido de la virtud.

La misma idea primigenia de Rusia y de los Estados Unidos –digamos, el concepto mítico de la Madre Rusia y el profundo significado de la Revolución Americana–; o la noción arquetípica de Europa, lugar del planeta en que se celebró la decisiva unión de razón y fe; o incluso el ideal de un mundo que pugna honestamente por responder debidamente a los desafíos que plantea el futuro; todas esas *ideas* nobles, elevadas, deben darse por muertas o moribundas. Sólo queda, a estas alturas, el instinto depredador y carroñero de las marionetas zombificadas, ávidas de poder y de riquezas, que se han puesto a la cabeza de la mayor parte de las naciones de la tierra y de las organizaciones supranacionales. Casi no hay cabida en esas altas esferas de aspiración alguna por la bondad, la verdad y la belleza, ni respeto por la vida o inclinación a la sabiduría.

Así las cosas, los psicópatas que mueven los hilos tras bastidores, absortos como están en su danza macabra por el poder, están arrastrando al mundo hasta un punto sin retorno. El riesgo de una conflagración a escala planetaria con el potencial de abrir las puertas del infierno de un holocausto nuclear –por limitado que se plantee dicho escenario inicialmente, debido al uso preferente de armas nucleares tácticas–, se ha transformado en una realidad más que probable. La chispa puede encenderse en Ucrania, pero el reguero de pólvora puede llevar rápidamente el fuego de ese infierno a otros escenarios teniendo en cuenta las tensiones existentes en otras latitudes: las ambiciones de China en Taiwán y en el Mar de China Meridional, por ejemplo, o los innumerables conflictos que existen en el resto del globo, considerando las tensiones étnicas y religiosas en el propio continente europeo o las posibles contiendas civiles en un sinfín de países, partiendo por el propio Estados Unidos y el resto de Hispanoamérica, etc.

OCCIDENTE ESTÁ JUGANDO CON FUEGO

Es curioso cómo es que esta Rusia que aspira a establecer un mundo multipolar y se proclama, en palabras de Dugin, en «estado de guerra ideológica» contra los valores del Occidente globalista, no ve incongruencia alguna en establecer alianzas con estados como Cuba, Nicaragua y Venezuela, que tienen un compromiso innegable con el crimen organizado, el tráfico de drogas y el fomento de la migración masiva, entre otras calamidades con efectos devastadores para las sociedades de este lado del mundo, además del apoyo que ofrecen a la propagación de la agenda progresista con fines de subversión cultural y penetración ideológica. Es claro que, en lo que respecta a la búsqueda de aliados en Hispanoamérica, la pretendida superioridad moral de Rusia se basa, más que en los principios y valores que pretende encarnar –principios basados en el reconocimiento, según Dugin, de «la verdad divina» y «la alta dignidad espiritual y moral del hombre»–, lo que prima es el viejo y conocido proverbio que reza: "el enemigo de mi enemigo, es mi amigo". Así de simple.

Es decir, el *todo vale* seguiría estando en la médula del compromiso bélico ruso contra la «civilización del Anticristo», lo que echaría por tierra la idea de una especie de "guerra santa" que se haría en resguardo de valores superiores pues no puede ser santa una guerra que se hace en defensa de principios que, en la emergencia, pueden dejarse de lado con tal de aplastar al adversario.

En este contexto, durante la mañana del martes 20 de septiembre el propio Dugin publicó en redes sociales lo siguiente: «Se ha tomado una decisión muy importante y, al parecer, no fácil de adoptar. Todos nuestros –insoportables, escandalosos– sacrificios no son en vano. El estado y el pueblo están del mismo lado de las barricadas. Y por otro lado, un enemigo absoluto. Es importante no perder el alma ni siquiera en la batalla más furiosa y cruel con un enemigo brutal. Después de todo, estamos luchando del lado de Dios y del Cielo, del lado de la Tierra y del Alma. Por eso se dona nuestra sangre autóctona, que brota directamente de corazones rusos».

El mensaje refuerza, evidentemente, lo expresado en su columna del 15 de septiembre pasado, reproducida más arriba.

En el mismo sentido, la editora en jefe de RT News, la periodista Margarita Simonyan, declaró: «Por lo que está sucediendo y aún está a punto de suceder, esta semana marca la víspera de nuestra inminente victoria o la víspera de la guerra nuclear. No hay una tercera opción».[3]

Simultáneamente, en un momento en que los informes internacionales dan cuenta de un gran número de bajas entre las fuerzas rusas, lo que se suma a una posible escasez de mano de obra, el Kremlin ha abierto un centro de reclutamiento militar para ciudadanos extranjeros. El propio alcalde de Moscú, Sergei Sobyanin, miembro de Rusia Unida,

---

[3]   Tyler Durden. *El importante discurso de Putin en tiempos de guerra pospuesto en un movimiento muy inusual.* ZeroHedge, 20 sept. 2022. Ver online:
https://www.zerohedge.com/geopolitical/referendums-set-series-ukraine-regions-national-mobilization-being-pushed-through

el partido de Putin y Medvedev, anunció el martes que la infraestructura necesaria para apoyar en el reclutamiento de ciudadanos extranjeros para el servicio militar se desplegará en la localidad de Sakharovo, unos 150 km de la capital rusa.[4]

En el mismo sentido, la Duma Estatal informó que se estarían haciendo preparativos para una «movilización nacional», lo que implica la adopción de medidas que faciliten a ciudadanos extranjeros firmar un contrato de un año con el ejército ruso a cambio de recibir la ciudadanía.[5]

Por otra parte, la agencia de noticias *RIA Novosti* informó que Putin instó a las organizaciones del complejo industrial militar a garantizar el suministro de armas y de equipos de defensa en apoyo al esfuerzo bélico en Ucrania, aumentando de paso su capacidad productiva. Además, las conminó a tomar las medidas necesarias para modernizarse. De paso, el líder del Kremlin ordenó estudiar el equipo militar occidental utilizado en Ucrania «de la manera más rápida y eficiente posible» con el fin de «contribuir a la mejora de las armas domésticas». Esto pone de manifiesto el atraso tecnológico ruso. Según la agencia, el mandatario habría sido enfático en señalar que este suministro de armas y de equipos debe hacerse «lo antes posible». Igualmente, en su mensaje Putin destacó la importancia de la plena sustitución de importaciones en el ámbito de la defensa, lo que revela el aislamiento de Rusia, reforzando la opinión de Dugin: el gigante eslavo está luchando por su sobrevivencia.[6]

---

[4] *Moscú abrirá un centro de reclutamiento militar para extranjeros.* Ver online:
https://www.themoscowtimes.com/2022/09/20/moscow-to-open-military-recruitment-center-for-foreigners-a78846

[5] Tyler Durden. *Rusia abre un centro de reclutamiento militar para extranjeros. ZeroHedge,* 20 sept. 2022. Ver online:
https://www.zerohedge.com/geopolitical/russia-opens-military-recruitment-center-foreigners

Y, por si fuera poco, una nota publicada por un portal de noticias ucraniano revela que, según fuentes de inteligencia británicas, Rusia estaría comprando cada vez más armas a otros estados sujetos a duras sanciones por parte de Occidente, como Irán y Corea del Norte. Esto sería, naturalmente, un indicador de que sus propios arsenales se están agotando.[7]

En suma, la situación de Rusia es desesperada. Y hay que entender bien de qué estamos hablando aquí: la segunda potencia nuclear del planeta está acorralada, luchando, literalmente, por su "derecho a existir". Esta situación, gravísima de por sí, debe ser tenida en cuenta por la opinión pública occidental, sea cual fuere la opinión que cada uno mantenga sobre Rusia, su gobierno y su pueblo.

En este sentido, resulta crucial tener en cuenta un informe, publicado anteriormente en estas mismas páginas[8], sobre los planes de las potencias occidentales en relación a una eventual desmembración de la Federación Rusa. Este propósito fue el tema central del encuentro «Descolonizando Rusia, un imperativo moral y estratégico», convocado por la *Comisión de Helsinki de los Estados Unidos*, llevado a cabo el pasado 23 de junio en Washington D.C.

---

[6] *Putin ordenó garantizar el suministro de armas a las tropas en el menor tiempo posible.* RIA Novosti, 20 sept. 2022. Ver online: https://ria.ru/20220920/opk-1818150465.html

[7] *Rusia está comprando cada vez más armas de países que están sujetos a duras sanciones.* Inteligencia británica. Evropeyskaya Pravda", 14 de sept. 2022. Ver online: https://www.pravda.com.ua/rus/news/2022/09/14/7367368/

[8] *El Deep State está preparando la desintegración de Rusia.* AURORA DE CHILE E HISPANOAMÉRICA N° 1, 8 de julio de 2022.

La pregunta por hacerse cae de cajón: ¿Es lógico seguir presionando a Rusia –repetimos, una potencia nuclear– hacia el borde del abismo?

El discurso de Putin

Finalmente, en su esperado discurso del 20 de septiembre de 2022[9], Putin señaló:

> «Hablaremos sobre los pasos necesarios y urgentes para proteger la soberanía, la seguridad y la integridad territorial de Rusia, sobre apoyar el deseo y la voluntad de nuestros compatriotas de determinar su propio futuro y sobre la política agresiva de una parte de las élites occidentales, que están tratando con todas sus fuerzas de mantener su dominio, y para ello están tratando de bloquear y suprimir cualquier centro soberano independiente de desarrollo para continuar imponiendo groseramente su voluntad a otros países y pueblos e imponer sus pseudovalores.
>
> «El objetivo de este Occidente es debilitar, dividir y, en última instancia, destruir nuestro país. Ya están diciendo directamente que en 1991 fueron capaces de dividir a la Unión Soviética, y ahora ha llegado el momento de la propia Rusia, que debe desintegrarse en muchas regiones, y regiones en guerra mortales».

Luego, el jerarca ruso anunció la decisión de «llevar a cabo una movilización parcial en la Federación Rusa», lo que quiere decir que, por ahora, sólo serán movilizados «los ciudadanos que actualmente están en la reserva, sobre todo aquellos que sirvieron en las Fuerzas Armadas y tienen ciertas especialidades militares y experiencia relevante».

Digamos que esta «movilización parcial» no se condice con el planteamiento de los sectores nacionalistas más

---

9   Discurso del Presidente de la Federación de Rusia:
http://kremlin.ru/events/president/news/69390

radicales, el propio Dugin entre ellos. Según el parecer de este último, lo que correspondía era decretar la movilización total de la sociedad rusa para hacer frente a una guerra en gran escala contra Occidente, una guerra que ya se estaría librando. Pero hacerlo implicaba, eventualmente, un reconocimiento por parte de Putin del fracaso absoluto de la Operación Militar Especial (SVO), sobre todo teniendo en cuenta el enorme costo económico y de vidas humanas, conllevando efectos políticos para el jefe del estado. Declarar una movilización total, es decir, poner a toda la sociedad rusa tras el esfuerzo bélico, es jugar al todo o nada. Puede que Putin no cuente ya con ese respaldo tras siete meses de guerra en Ucrania, con los costos y sacrificios a que ha implicado esto para los ciudadanos rusos debido, fundamentalmente, a las sanciones económicas.

No obstante, en alguna parte de su discurso, Putin asevera que «Occidente ha cruzado todas las líneas», añadiendo:

> «Algunos políticos irresponsables en Occidente no solo están hablando de planes para organizar el suministro de armas ofensivas de largo alcance a Ucrania, sistemas que permitirán ataques contra Crimea y otras regiones de Rusia. Tales ataques terroristas, incluidos los que utilizan armas occidentales, ya se están llevando a cabo en asentamientos fronterizos en las regiones de Belgorod y Kursk. En tiempo real, utilizando sistemas modernos, aviones, barcos, satélites, drones estratégicos, la OTAN lleva a cabo reconocimientos en todo el sur de Rusia.

> «Washington, Londres y Bruselas están presionando directamente a Kiev para que transfiera las operaciones militares a nuestro territorio. Sin esconderse más, dicen que Rusia debe ser derrotada por todos los medios en el campo de batalla con la consiguiente privación de la soberanía política, económica, cultural, en general cualquier soberanía, con el saqueo completo de nuestro país.

«También se utilizó el chantaje nuclear. Estamos hablando no sólo del bombardeo alentado por Occidente de la central nuclear de Zaporiyia, que amenaza con una catástrofe atómica, sino también de las declaraciones de algunos representantes de alto rango de los principales estados de la OTAN sobre la posibilidad y la admisibilidad del uso de armas de destrucción masiva contra Rusia: armas nucleares.

«Para aquellos que se permiten tales declaraciones con respecto a Rusia, me gustaría recordarles que nuestro país también tiene varios medios de destrucción, y en algunos componentes, más modernos que los de los países de la OTAN. Y cuando la integridad territorial de nuestro país se ve amenazada, ciertamente utilizamos todos los medios a nuestra disposición para proteger a Rusia y a nuestro pueblo. No es una fanfarronada.

«Los ciudadanos rusos pueden estar seguros de que la integridad territorial de nuestra Patria, nuestra independencia y libertad estarán garantizadas, lo subrayo una vez más, por todos los medios a nuestro alcance. Y aquellos que intentan chantajearnos con armas nucleares deben saber que la rosa de los vientos puede girar en su dirección».

En síntesis, la situación en Europa es crítica. Sedientas de sangre, las potencias occidentales se han lanzado con todo sobre el cuello del oso ruso, y no lo soltarán. En lo que a nosotros respecta, pensamos que los líderes de estas potencias —algunos de ellos, verdaderos psicópatas—, están jugando con fuego. Lo más probable es que ya esté en marcha una operación de los servicios de inteligencia norteamericanos para hacer caer a Putin y, a la postre, consumar la anhelada fragmentación de la Federación Rusa, la heredera de la Unión Soviética, sueño húmedo de la clase gobernante estadounidense desde la época de la Guerra Fría, refrendado en el encuentro de junio de este año, mencionado más arriba. Es, incluso, probable que el propio Xi Jinping ya haya traicionado a Putin a cambio de una reacción tibia de Occidente cuando el coloso chino emprenda su propia "operación militar especial" en Taiwán.

El hecho de que el mandamás del Kremlin no se haya atrevido a declarar la movilización total podría ser un indicador de que está con el agua al cuello. Entre otras cosas, como se desprende de sus palabras ante las empresas del complejo industrial militar, puede que se esté quedando, literalmente, sin "municiones", es decir, sin armas ni equipos de defensa adecuados para hacer frente a la superioridad tecnológica de los Estados Unidos y la OTAN.

El problema es que Rusia aún tiene en su arsenal más de seis mil ojivas nucleares operativas. Llevar las cosas a este extremo y creer que no va a utilizarlas es equivalente a perseguir a un hombre armado hasta un precipicio, amenazarlo con lanzarlo al vacío y esperar que el hombre no responda haciendo uso de su último recurso.

EL *DEEP STATE* ESTÁ PREPARANDO
LA DESINTEGRACIÓN DE RUSIA

Hace unos meses Bloomberg publicó un artículo en el que un periodista de nacionalidad rusa llamado **Leonid Bershidsky** planteaba la necesidad de frenar los sueños imperialistas de la Rusia de Putin. Según Bershidsky, la invasión a Ucrania «revivió las discusiones sobre si Rusia necesita ser "descolonizada", o tal vez "desfederalizada", para enterrar sus ambiciones imperialistas y someter su amenaza militar»[10]. Bershidsky, que tras la anexión rusa de Crimea (2014) se mudó a Berlín, se lamenta de que «Estados Unidos no lo convirtiera en un objetivo en la década de 1990, cuando la Rusia postsoviética yacía en ruinas y luchaba por aferrarse a una pequeña región secesionista: Chechenia».

Más adelante Bershidsky recuerda *Telluria*, la novela de Vladimir Sorokin (2013), en la que uno de sus personajes escribe sobre la Rusia imperial: «Si ella, esta gigante espléndidamente despiadada en su diadema de diamantes y su manto de nieve, hubiera colapsado convenientemente en febrero de 1917 y se hubiera desintegrado en varios estados de tamaño manejable, todo habría resultado en el espíritu de la historia moderna, y los pueblos retenidos por el poder zarista finalmente habrían entrado en posesión de sus

---

[10] *Is Breaking Up Russia the Only Way to End Its Imperialism?* Leonid Bershidsky. Bloomberg. 1 de junio de 2022. Ver online: https://bloom.bg/3UYsR8U

identidades post-imperiales y vivido en libertad. Pero no fue así».

Telluria está ambientada en un futuro distópico en el que, tras una devastadora guerra santa entre la Europa cristiana y el Islam, buena parte del Viejo Continente se hunde en un estado de letargo y desorganización similar, dice la presentación del libro, al estado en que se desarrollaron los pueblos en la Edad Media. En ese contexto, Europa, China y Rusia se fragmentan en una serie de principados, en su mayoría autocráticos, con identidades diversas. Como expresa el propio Sorokin, el continente ha sido «sumergido de nuevo en la bendita e iluminada Edad Media [...]», regresando a un tipo de vida a «escala humana».

Volviendo a la realidad, para Bershidsky, una supuesta derrota de Rusia en Ucrania, sumada a la presión de las sanciones, podría provocar un desastre económico similar al que desencadenó el colapso de la Unión Soviética. Esto, según el periodista, «podría fortalecer las tendencias centrífugas que Putin está tan orgulloso de haber sofocado al establecer su "vertical de poder".»

El propio Putin, dice Bershinsky, al hablar de la "Rusia histórica", ha abierto la puerta para discutir sobre un estado ruso central mucho más pequeño que la Rusia actual, que es heredera tanto de la Unión Soviética como del Imperio Ruso, que comenzó a construirse en 1721.

Luego pone el ejemplo de la República de Tartaristán, en la llanura del río Volga, donde el 55 % de los escolares de su capital, la histórica ciudad de Kazán, prefirieron el tártaro como lengua materna. Bershinsky se pregunta si esa región «es realmente parte del núcleo de Rusia de alguna manera más significativa que, digamos, Kazajstán».

Y continúa:

«¿Es Tuvá, que se unió a la Unión Soviética solo en 1944 y vivió disturbios separatistas a principios de la década de

1990, parte del núcleo histórico de Rusia? [**Nota del Editor:** la República de Tuvá se encuentra en el distrito de Siberia. Su capital es la ciudad de Kizil] ¿Lo es Daguestán, conquistado a principios del siglo XIX, donde menos del 4% de los escolares toman clases de ruso como lengua materna? ¿No habrían sido todos estos lugares estados independientes hoy si los fundadores comunistas de la Unión Soviética los hubieran constituido como "repúblicas de la unión" en lugar de "repúblicas autónomas" dentro de Rusia?

«Todas estas preguntas son forraje para los responsables políticos de las naciones rivales geopolíticas de Rusia. Fomentar el sentimiento nacionalista (o anticolonial, como se puede enmarcar) en una Rusia debilitada por una guerra menos que exitosa tendría sentido en varios niveles, más sentido que en la década de 1990. Un líder agresivo e irracional que encuentra su camino hacia la cima en Moscú ya no es un peligro teórico; es fácil ver cómo puede volver a suceder. La mejor manera de protegerse contra esa posibilidad es derrotar a Putin tanto militar como ideológicamente. Al usar el mismo tipo de puntos de conversación históricos que Putin usa para justificar las ambiciones imperiales de Rusia, sería posible volver su principal arma ideológica en su contra. Al mismo tiempo, la campaña de Ucrania muestra hasta ahora que el ejército ruso lucha por abastecer a sus tropas y luchar eficazmente en toda la vasta extensión de Ucrania. ¿Qué haría Putin con múltiples rebeliones secesionistas en un país tan enorme como Rusia?»

Y añade, con un dejo de culpa:

«Como ruso, tengo una sensación incómoda de toda esta charla sobre el desmembramiento de mi país, como si Rusia fuera un paciente de cáncer acostado semiconsciente en una mesa de operaciones con solo múltiples amputaciones capaces de evitar que el tumor haga metástasis. Odio la idea de que la única manera de dejar de ser una amenaza para los países vecinos es rompernos, y espero que no sea el imperialista en mí el que se rebele ante el pensamiento. La inmensidad y diversidad de Rusia son fundamentales para nuestra nación tal como existe hoy en día. El "tamaño manejable" no somos nosotros.

«Y, sin embargo, a nivel intelectual, entiendo que muchos rusos podrían estar bien servidos por la disolución de la Federación Rusa. A medida que Putin fortaleció su "vertical" después de la oferta de su predecesor, Boris Yeltsin, a las regiones de Rusia de "tanta soberanía como se pueda tragar", la recentralización desangró la periferia de Rusia [**Nota del Editor:** El concepto "vertical de poder" se refiere a la estructura centralizada en cuyo vértice se halla el Jefe del Estado]. Solo 23 de las 85 regiones de Rusia no están financiadas por subsidios federales este año, la mayoría de ellas con una población predominantemente étnica rusa (Tartaristán es la excepción). Esto crea la impresión de que la mayoría de las provincias, y en particular aquellas con identidades nacionales distintas, estarían indefensas si se separaran del centro. Pero así es como funciona el sistema de Putin, succionando dinero de la periferia y luego redistribuyendo "generosamente" parte de él».

En este punto Bershinsky cita un estudio de Viktor Suslov (2018), economista de la Academia de Ciencias de Rusia, quien argumentó que «la Región Federal Central de Rusia, que incluye Moscú, actúa como un agujero negro que absorbe aproximadamente un 35% más de recursos de otras regiones de los que devuelve. Siberia, la región de los Urales, el Lejano Oriente y el Noroeste (que incluye San Petersburgo) contribuyen cada uno entre un 10% y un 13% más de lo que reciben».

El periodista termina diciendo:

«En los Urales, Siberia y el Lejano Oriente, el espíritu rebelde de los pioneros y ex convictos sigue vivo. La bandera de los "Estados Unidos de Siberia" del artista de

Omsk, Damir Muratov, copos de nieve blancos en un campo de rayas azules, verdes y blancas, es más que una parodia de Jasper Johns: uno puede imaginar el país que la haría flamear.

«Sigo esperando contra toda esperanza que la democracia, el fin del imperialismo agresivo, el compromiso con el desarrollo igualitario de los territorios y una verdadera igualdad de todos los grupos étnicos sean posibles dentro de las fronteras actuales de Rusia. Esta esperanza, sin embargo, bien puede no ser más que un atavismo. Rusia no lleva bien su tamaño. Tal vez nunca aprenderá».

Esta reflexión de Leonid Bershinsky puede servirnos para vislumbrar los argumentos que utilizarán las potencias occidentales para materializar sus propósitos. Porque, a estas alturas, no se puede negar que la intención de destruir o desmembrar Rusia es un objetivo estratégico de quienes, el día de hoy, se encuentran tirando de los hilos del poder tanto en los Estados Unidos como entre sus marionetas de la Unión Europea.

De hecho, recientemente los gobiernos occidentales –léase Estados Unidos y Europa– han comenzado a discutir abiertamente sobre la mejor fórmula de lograr esta desmembración de la Federación Rusa, como se desprende de un reciente encuentro organizado por la *Comisión de Helsinki de los Estados Unidos* en que el tema a tratar era precisamente ese, tal como se señala en el sitio web de la organización:

«La guerra bárbara de Rusia contra Ucrania, y antes de eso contra Siria, Libia, Georgia y Chechenia, ha expuesto el carácter viciosamente imperial de la Federación Rusa al mundo entero. Su agresión también está catalizando una conversación largamente esperada sobre el imperio interior de Rusia, dado el dominio de Moscú sobre muchas naciones nativas no rusas, y las medidas brutales que el Kremlin ha tomado para suprimir su autoexpresión nacional y su autodeterminación.

«Ahora se están llevando a cabo discusiones serias y controvertidas sobre el ajuste de cuentas con el imperialismo fundamental de Rusia y la necesidad de "descolonizar" a Rusia para que se convierta en una parte interesada viable en la seguridad y la estabilidad europeas. Como sucesor de la Unión Soviética, que encubrió su agenda colonial en la nomenclatura antiimperial y anticapitalista, Rusia aún no ha atraído el escrutinio apropiado por sus tendencias imperiales consistentes y a menudo brutales».[11]

El encuentro, que llevaba el sugerente título de **"DESCOLONIZANDO RUSIA.** *Un imperativo moral y estratégico"*, se concretó el pasado 23 de junio en Washington D.C. [VER].

[**Nota del Editor:** La *U.S. Helsinki Commission*, que teóricamente es una organización independiente del gobierno federal de los Estados Unidos, se encarga de supervisar los derechos humanos y la cooperación internacional en los 57 países de la Organización para la Seguridad y la Cooperación en Europa (OSCE)]

Un invitado a participar en este evento fue el periodista croata Niccolo Soldo, quien en un artículo publicado en la plataforma Substack se refiere a los integrantes de esta Comisión llamándolos "criaturas del pantano" –los cita con nombre y apellido–, añadiendo que todos ellos «se benefician de la miseria de aquellos a los que los Estados Unidos apuntan para el cambio de régimen. Sus puntos de vista siempre coinciden con las políticas del Departamento de

---

[11] *DECOLONIZING RUSSIA. A Moral and Strategic Imperative.* Commission on Security and Cooperation in Europe (CSCE). June 23, 2022. Washington, DC. Ver online: https://bit.ly/3ozPlkK

Estado de los Estados Unidos, independientemente de cómo expresen sus palabras».[12]

Y continúa, con evidente irritación:

«Exportar la democracia fue uno de los principales conceptos utilizados para justificar el expansionismo y el intervencionismo estadounidenses después del 9/11. Fue un producto de los neoconservadores, que tenían sus manos en el timón de la política exterior de Estados Unidos bajo George W. Bush. Los fracasos de los Estados Unidos en la difusión de la democracia en lugares como Irak, Afganistán, Egipto, etc., mancharon a estos neoconservadores, lo que dañó su reputación. Pero debido a que la rendición de cuentas por el fracaso ha sido desde hace algún tiempo un concepto extraño en los Estados Unidos, estos neoconservadores se tomaron el tiempo para lamerse las heridas y luego rehabilitar su imagen aferrándose a la oposición a Trump calificándose a sí mismos como "defensores de la democracia", ya sea en el país o en el extranjero».

Pues bien, la conclusión de Soldo es que estos "neoconservadores" [**Nota del Editor:** Habría que "entrar a picar" en la definición que da Soldo respecto de la orientación ideológica de los miembros del *Deep State*, esos aspirantes a dioses que roncan en las cloacas de Washington D.C.], «se las arreglaron para abrirse camino con éxito de regreso a los pasillos del poder».

Según Soldo, son precisamente estos "neoconservadores" quienes, encabezados por **Victoria Nuland**, la controvertida Subsecretaria de Estado para Asuntos Políticos del gobierno de Biden, están arrastrando a Occidente a un conflicto abierto

---

[12] Niccolo Soldo. *Delusion. The US Government's Commission on Security and Cooperation in Europe (CSCE) holds a briefing on the "moral and strategic" necessity of partitioning Russia.* Substack, 22 junio 2022. Ver online: https://niccolo.substack.com/p/delusion

con Rusia, confrontación que tiene el potencial de desencadenar la Tercera Guerra Mundial. La línea de acción de esta facción ha pasado por provocar a Putin de todas las formas posibles. Basta recordar el modo en que a lo largo de las últimas tres décadas se han empujado los límites de la OTAN hasta las mismas fronteras de Rusia, violando los acuerdos tácitos establecidos por los dos bloques tras la reunificación de Alemania y la disolución del Pacto de Varsovia. Aunque el ataque final comenzó con la abierta intervención estadounidense en Ucrania (a considerar los intereses económicos que mantiene la familia Biden en ese país, así como la evidente intervención en la crisis del Euromaidán en 2013-14, cuando la propia Victoria Nuland era la Portavoz del Departamento de Estado del gobierno de Obama) y, en días recientes, apoyando el esfuerzo bélico de Kiev o presionando a Lituania a impedir el libre tránsito de mercancías procedentes de Rusia hacia el Óblast de Kaliningrado, entre otras medidas. [VER: *"La promesa incumplida de la OTAN a la URSS de no expandirse más allá del este de Alemania"*, por Álvaro Navarro. Economist & Jurist, 3 de marzo 2022].

A continuación Soldo –que redacta este texto el día anterior al encuentro celebrado en Washington– concluye, con amarga ironía:

> «Al comienzo de esta guerra, el objetivo declarado de EE.UU. era degradar las fuerzas rusas en el teatro del conflicto tanto como fuera posible. Con su propio suministro de propaganda después de las primeras semanas de la guerra, el tono varió hacia el cambio de régimen en Moscú (el objetivo más buscado en el Departamento de Estado de EE.UU.). Después de todo, Rusia necesita democracia, y los rusos necesitan ser liberados del dictador Putin para que puedan disfrutar de sus frutos como el resto del mundo libre, también conocido como países que le gustan a EE.UU.

«El panel de mañana es un paso adelante más, en el sentido de que se les dice a los rusos comunes que incluso el cambio de régimen y la democracia no son lo suficientemente buenos para ellos. Requieren la partición de su país en entidades políticas más pequeñas (más fáciles de controlar), para que puedan ser libres. No hace falta decir que este es un golpe de propaganda para Putin y el Kremlin, ya que les permite pintar el conflicto en Ucrania como una lucha existencial.

«Me gusta decir que el genio de los Estados Unidos de América es su capacidad para absorber, cooptar y luego monetizar cualquier tendencia que se le presente. "Descolonizar Rusia" es simplemente una terminología *despierta* para su partición [**Nota del Editor**: la palabra *woke* utilizada en el texto hace alusión a una actitud que supone un compromiso activo en relación a temas sociales y políticos relevantes para el tipo de progresismo iluminado impulsado por las elites liberal-globalistas. El Diccionario Oxford define el término como "alerta ante la injusticia en la sociedad, especialmente el racismo"]. Esto simboliza cómo EE.UU. ha logrado coopar "wokeness" ["despiertos"] para sus propios objetivos de política exterior.

«Estoy seguro que muchos de ustedes tomarán la posición que yo tuve anteriormente; que la adopción de la terminología del *despertar* al servicio del imperio es una estratagema cínica. Ya no creo eso. Creo que estos son verdaderos creyentes. Los chechenos, los tártaros del Volga, los komi, los yakutos, todos los pueblos "indígenas" que sufren bajo la colonización rusa, todos anhelando ser libres, todos buscando liberar al estadounidense que está dentro de ellos, gritando para salir. Son negros estadounidenses que aún sufren el legado de la esclavitud y la segregación, son los sioux en la reserva, son los transexuales acosados, son los periodistas oprimidos de WaPo de una familia rica que fueron a un internado suizo [**Nota del Editor**: WaPo es una aplicación para citas para hombres gay, bisexuales, trans, etc.].

«Mis lectores saben muy bien que los reportajes occidentales sobre la guerra en Ucrania eran tan propagandísticos como para volverlos inútiles, hasta hace muy poco. La situación real sobre el terreno simplemente se volvió demasiado obvia para continuar presionando al afirmar que los ucranianos estaban al borde de la victoria sobre Rusia. Esto es lo que hace delirante a un panel del Gobierno de los Estados Unidos sobre la partición de Rusia. ¿Para quién es exactamente esto, además de para convencerse a sí mismos y justificar su propio empleo?».

Mapa que refleja la posible fragmentación de la Federación Rusa. [Fuente: https://niccolo.substack.com/p/delusion]

Soldo se refiere luego a la temeridad del rumbo escogido por las actuales autoridades de Washington, que han decidido enfrentarse a Rusia y a China al mismo tiempo, forzando de algún modo a ambos gigantes a unirse para enfrentar la amenaza del que todavía es el país más poderoso del mundo. De hecho, es claro que las sanciones contra Rusia han terminado por convertirse en un boomerang contra la economía del propio Estados Unidos y de la Unión Europea, por no mencionar los evidentes efectos que ya se están sintiendo en el resto del mundo.

Soldo finaliza con sorna:

«Europeos y norteamericanos deben sacrificar su nivel de vida para que Estados Unidos triunfe en Ucrania. Los africanos también podrían necesitar morir de hambre. Es por una buena causa, la descolonización de Rusia. ¿Cómo puedes decir no?»

Uno no puede dejar de preguntarse, ¿qué pretenden los "genios" de Washington? ¿Cómo puede Occidente tragarse la píldora de una guerra como esta –una más, absurda e innecesaria, por supuesto, como la mayoría de las guerras–, instigada desde los oscuros meandros del poder en Washington D.C.? ¿Con qué cara pueden ahora, esos mismos instigadores, pontificar con la supuesta necesidad "moral y estratégica" de "descolonizar" la Federación Rusa?

Por nuestra parte creemos que es legítimo que surjan algunas interrogantes en relación a lo que se está tejiendo tras bastidores:

¿Es posible, sólo posible, pensar que entre los objetivos del Deep State estadounidense –que es una parte importante de la comunidad de intereses que maneja los resortes del poder a nivel global–, esté la desintegración de su propia nación? ¿Terminará Estados Unidos fragmentado también en media docena de estados independientes, tal como ha sido vaticinado por el reputado analista político y académico ruso **Igor Panarin**?

Por ahora sólo diremos que este ex oficial de la KGB, que además es especialista guerra psicológica y que ve a los Estados Unidos como el custodio de la "revolución mundial trotskista", predijo en 1998 el inicio de un proceso de balcanización de ese país a partir del año 2010.

FUTURO POSIBLE: BALCANIZACIÓN DE LOS ESTADOS UNIDOS

En septiembre de 1998, en Linz, Austria, en una conferencia sobre guerra de la información el destacado politólogo e investigador ruso **Igor Nicolaevich Panarin**, antiguo analista de inteligencia de la KGB y ex funcionario la Agencia Federal de Información y Seguridad del Gobierno (FAPSI), predijo que en 2010 Estados Unidos se desintegraría luego de pasar por una cruenta guerra civil causada por la migración masiva, el declive económico y la degradación moral. Según la hipótesis de Panarin, la superpotencia americana quedaría dividida en seis partes: las repúblicas de California, Texas y Norteamérica Central, a las que se sumarían los estados soberanos de América Atlántica (estados del noreste), Alaska y Hawái, que muy probablemente caerían bajo la influencia de la Unión Europea, Rusia y China (o Japón), respectivamente. En cuanto a las repúblicas, California quedaría en la órbita de China, la república central en la de Canadá y Texas en la de México.

Panarin, quien además es docente de la Academia Diplomática del Ministerio de Relaciones Exteriores de la Federación Rusa y de la Academia de Ciencias Militares, es una voz más que interesante de escuchar. De hecho, se ha llegado a decir que es uno de los más influyentes "monjes negros" de Putin, junto a Aleksandr Dugin y al poderoso oligarca Konstantín Maloféyev, entre otros, a quienes se les atribuye una enorme influencia sobre el hombre fuerte del Kremlin.

Tras la crisis de 2008 Panarin insistió en su predicción afirmando que había entre un 45 y 55 % de probabilidades de que esto ocurriera [VER: *As if Things Weren't Bad Enough, Russian Professor Predicts End of U.S.*, By Andrew Osborn.

<u>**Wall Street Journal**</u>, 29 de diciembre 2008], añadiendo que el dólar experimentaría una caída de la que no le sería posible recuperarse. Para el analista la creciente polarización que vive la sociedad estadounidense, provocada por la élite gobernante, va a terminar por llevar a ese país al colapso. El escenario contemplado por Panarin predice que en algún momento los estados más ricos se verán tentados a retener fondos del gobierno federal, quebrando definitivamente la unión cooperativa que han mantenido desde 1776. Esto provocaría disturbios sociales, mayor división y, finalmente, una segunda guerra civil.

Según Panarin, a la élite mundial le convendría tratar evitar que los Estados Unidos sigan el modelo yugoslavo de desintegración, proponiendo, en cambio, el modelo checoslovaco, más pacífico.

El sitio GlobalSecurity.org reproduce parte de una entrevista ofrecida por el analista ruso al diario Izveztia el 24 de noviembre de 2008. En la ocasión, Panarin hace referencia a la inseguridad del dólar: "La deuda externa del país ha crecido como una avalancha, a pesar de que a principios de la década de 1980 no había deuda. En 1998, cuando hice mi predicción por primera vez, había superado los 2 billones de dólares. Ahora son más de 11 billones. Esta es una pirámide que solo puede colapsar" [**Nota del Editor:** En la actualidad, la deuda de EE.UU. supera los 30 billones de dolares. / VER: *"Deuda nacional de EE. UU. supera los 30 billones de dólares por primera vez en la historia"*, por Rob Garver. La <u>**Voz de América**</u> (VOA), 3 de febrero 2022]. Y cuando se le preguntó cómo debería reaccionar Rusia frente a la visión del futuro que él estaba planteando, Panarin replicó: "Desarrollar el rublo como una moneda regional. Crear un intercambio de petróleo en pleno funcionamiento, comerciar con rublos... Debemos romper los hilos que nos atan al Titanic financiero, que en mi opinión pronto se hundirá".

Es importante considerar que estos "hilos" que atan a Rusia al "Titanic financiero", según expresa Panarin, se están rompiendo precisamente ahora debido al efecto de las sanciones financieras impulsadas por Washington y sus aliados de la Unión Europea a propósito de la guerra ruso-ucraniana. Y es aún más importante no perder de vista que esta guerra no se habría producido de no mediar la intervención de Estados Unidos en ese país, iniciada en el período de Obama, cuando Biden era vicepresidente.

En otra arista de esta pugna, resulta especialmente significativo que hace pocos días el presidente de la Duma del Estado, la cámara baja de la Asamblea Federal de Rusia, Vyacheslav Volodin, declarara que si Estados Unidos continúa congelando activos rusos en el extranjero y confiscando bienes de sus ciudadanos, su país podría estar interesado en recuperar Alaska. Debemos recordar que en 1867 Estados Unidos compró Alaska al gobierno ruso por 7,2 millones de dólares [**Nota del Editor:** es decir, unos 130 millones de dólares de hoy, cifra inferior a lo que cuesta el pase de un futbolista de élite]. Volodin especificó incluso que el vicepresidente del parlamento, Piotr Tolstói –tataranieto del célebre autor de *La Guerra y la Paz*–, había propuesto realizar un referéndum entre los habitantes de Alaska para que se pronunciaran sobre su posible unión a Rusia. [VER: *Putin's aide warns US against pressing for war crimes court*, <u>Associated Press News</u> (AP); y *"El presidente del parlamento ruso sugiere que Rusia podría algún día tratar de tomar Alaska de los Estados Unidos"*, por Cheryl Teh. <u>Business Insider</u>, 7 de julio 2022.] Un tercer político que habló de la recuperación de Alaska, añadiendo además Fort Ross –o *Krépost Ross*, antiguo asentamiento ruso en lo que hoy es el condado de Sonoma, California, unos 100 km hacia el norte de la ciudad de San Francisco–, fue otro miembro de la Duma, Oleg Matveychev, quien además de consultor en relaciones públicas y propaganda del Kremlin, es un influyente bloguero y autor una veintena de libros. A principios de este año Matveychev dijo a la televisión estatal rusa que su país debería buscar la "devolución de todas las propiedades rusas, las del imperio ruso, la Unión Soviética y la actual Rusia, que han sido confiscada en los Estados Unidos, y así sucesivamente". [VER: *"Putin Ally Warns U.S. Russia Could Start Military Fight Over Alaska"*, por Zoe Strozewski. Newsweek, 6 de julio 2022].

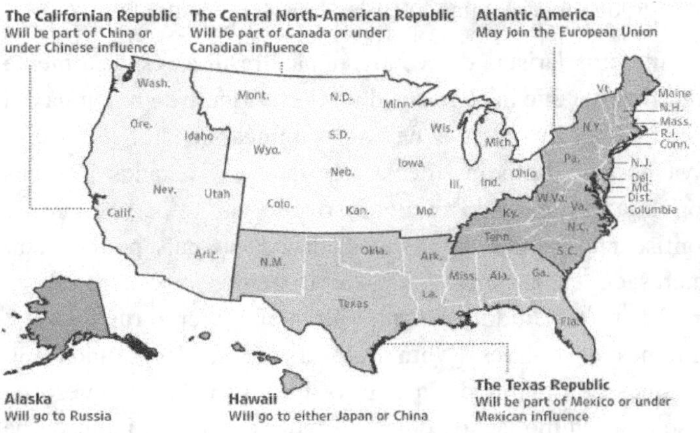

Mapa creado por I. Panarin en 1998.
Fuente: _The Atlantic_.

Estas declaraciones, por extravagantes que parezcan, revelan que la idea de la destrucción y/o fragmentación de la integridad territorial de los Estados Unidos es algo que también está en la mente de los políticos rusos. En este sentido, la *profecía de Panarin* debiera ser entendida como la "siembra" de una idea-semilla en el subconsciente de la población estadounidense –después de todo, estamos hablando de guerra psicológica–, además de un mensaje a los distintos actores que mueven los hilos del poder mundial indicando a las claras que Rusia no está muerta, y que está dispuesta a todo para recuperar la perdida grandeza de su pasado imperial.

Así las cosas, debemos ver el encuentro *Descolonizando Rusia. Un imperativo moral y estratégico*, organizado por la *U.S. Helsinki Commission* en Washington D.C. el pasado 23 de junio de 2022 –cuyo tema era la supuesta necesidad de promover un cambio de régimen en Rusia provocando el colapso de la Federación Rusa por medio de la "liberación" de los distintos pueblos que la integran–, como un jugada más en el tablero de esta guerra psicológica en que se hayan entrampados Washington y Moscú en este "recalentamiento" de la Guerra Fría que comenzó en el momento en que, en 1997, la OTAN inició su expansión hacia territorios del antiguo Pacto de Varsovia [VER: *"El Deep State está preparando la desintegración de Rusia"*, en Aurora de Chile e Hispanoamérica N°1 / 8 de julio 2022].

En la Cumbre de Madrid de 1997, la Organización del Tratado del Atlántico Norte debatió sobre la incorporación a la Alianza de Hungría, República Checa y Polonia, cuestión que se concretaría en 1999. También se evaluaron las opciones de que se unieran otras naciones que previamente habían estado en la órbita de influencia de la URSS, como Estonia, Letonia y Lituania, países que terminarían ingresando el año 2004. Asimismo, se aprovechó la coyuntura para firmar un primer acuerdo de entendimiento con Ucrania, la llamada "Carta de Asociación Distintiva", creando una comisión que se encargaría de analizar las relaciones entre la ex república soviética y ese organismo [**Nota del Editor:** Ucrania se había adherido previamente al Consejo de Cooperación del Atlántico Norte (1991) y al programa de Asociación para la Paz (1994)]. Boris Yeltsin, presidente de la Federación Rusa por aquel entonces, no asistió a la cita de Madrid pese a estar invitado por considerar que los avances de la Alianza Atlántica en dirección a las fronteras de Rusia constituían una ignominia para su país. Era claro que Occidente, con Washington a la cabeza, menospreciaba a su antiguo adversario. Por aquel entonces Putin ejercía como subjefe del Estado Mayor Presidencial, cargo que ocuparía hasta mayo de 1998, cuando ascendería a Primer Jefe Adjunto del Estado Mayor Presidencial para las regiones y luego a Director del Servicio Federal de Seguridad (SFS), la principal organización de inteligencia y seguridad del Estado, sucesora de la KGB. Un año después llegaría por primera vez a la presidencia de la Federación Rusa.

De este modo, no es de extrañar que tras la caída de la URSS en 1991 comenzara a idearse en el seno de la *intelligentsia* de la antigua Rusia, élite intelectual ya comprometida con el sueño del gran imperio euroasiático, un plan para el futuro desmembramiento de los EE.UU., trazas del cual ofreció al mundo el "profeta" Panarin en 1998. Y es obvio que Washington no podía ser menos, respondiendo con otro plan, cuyos efectos estamos padeciendo hoy, proyecto que comenzó a ponerse en marcha ya con Obama en el poder (2009-2017), a quien le tocó ser presidente justo en el período en que Panarin había pronosticado la caída de los Estados Unidos, bajo cuyo mandato se dio el puntapié inicial a la crisis de Ucrania con la revolución del Euromaidán (2013-2014) y todo lo que vino después, período en el cual comenzó a fraguarse la actual guerra que desangra a ese país.

Debemos entender que en esta nueva fase del conflicto de bloques que ha dividido al mundo desde el término de la Segunda Guerra Mundial, las aguas del *pantano del poder*, a uno y otro lado de esta trinchera psicológica, han comenzado a decantarse hacia un deseo irrefrenable por parte de ambas potencias respecto de la aniquilación ya no sólo física, sino ontológica del otro. Porque el triunfo de Moscú implica nada menos que la desaparición de EE.UU.; y el de Washington, la destrucción del alma rusa, convirtiendo a este país en una sombra de sí mismo, preparando de este modo el terreno para que los antiguos estados y pueblos vasallos de la URSS, en un intento por conjurar un pasado de dolorosa sumisión, salten en masa a repartirse los despojos del gigante caído. Sólo que esta vez todo parece indicar que del abrazo de la muerte en se han entrelazado estos antiguos adversarios retoñará un nuevo ciclo imperial, ni ruso ni americano, sino que amarillo.

Frente a este sombrío escenario, la pregunta que debiéramos hacernos es: ¿qué tan conscientes están unos y otros, tanto en Washington como en Moscú, de esta situación?

PARTE II: LA GUERRA DEL GAS

SABOTAJE EN EL BÁLTICO

La noche del domingo 25 al lunes 26 de septiembre de 2022 se detectó una fuga en una de las tuberías del gasoducto Nord Stream 2 (NS2) a unos 20 kilómetros al sureste de la isla danesa de Bornholm, aunque fuera de las aguas territoriales de ese país en el Báltico. Si bien el NS2 nunca llegó a operar debido al bloqueo decretado por el gobierno alemán, sus tuberías se encontraban llenas de gas con el fin de mantener la presión del sistema. Poco después se detectaron dos fugas más en los ductos gemelos del Nord Stream 1 (NS1). La empresa gestora de los gasoductos confirmó el martes 27 que, en efecto, se había producido una «caída de la presión».

Las fugas se encontraban en las zonas económicas exclusivas de Suecia y Dinamarca. Ese mismo día ambos gobiernos, a través de sus primeras ministras, la sueca Mette Frederiksen y la danesa Magdalena Andersson aclararon que descartaban la tesis de un accidente como causa. De hecho, Andersson señaló abiertamente que se trataba de un «sabotaje». Poco después un ministro noruego habló también de «actos de sabotaje». Los servicios sismológicos de Suecia y Dinamarca habían informado que, poco antes de la detección de las fugas, sus instrumentos registraron explosiones submarinas en la zona. Más claro echarle agua.

Unos días después se supo de otro escape, aunque menor, en el NS2.[13] Desde ese momento todo el mundo comenzó a hablar de sabotaje, entre otros, el Secretario de Estado de los Estados Unidos, Antony Blinken, el Secretario General de la OTAN, Jens Stoltemberg, la Presidente y el Vicepresidente de la Comisión Europea, Ursula von der Leyen y Josep Borrell, etc. A ambos lados del Atlántico estaban de acuerdo con la tesis del sabotaje.

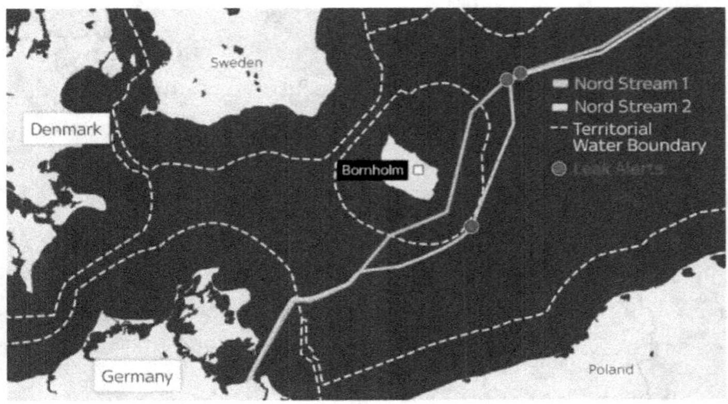

En Occidente todas las manos apuntaban a Rusia como presunto culpable.[14] Obviamente, las autoridades rusas

---

[13]   *Dinamarca, Suecia y Noruega atribuyen las fugas de los gasoductos Nord Stream a un "acto intencionado".* El Confidencial / Agencias. 27 de sept. 2022. Ver online: https://www.elconfidencial.com/mundo/2022-09-27/alerta-fugas-nord-stream-1-2-gasoducto-rusia_3497044/

[14]   *La OTAN habla de "sabotaje" del Nord Stream y la UE promete una "fuerte respuesta".* El Confidencial / Agencias. 28 de sept. 2022. Ver online: https://www.elconfidencial.com/mundo/2022-09-28/bruselas-dara-respuesta-firme-posible-confirma-sabotaje-nord-stream_3497629/

Estados Unidos condenó el sabotaje al gasoducto Nord Stream: "Las fugas están bajo investigación". Infobae, 27 de Septiembre de 2022. Ver online:

negaron toda responsabilidad en los hechos. En respuesta, el jefe del Servicio de Espionaje Exterior de ese país (SVR), Serguéi Narishkin, denunció la presencia de un «rastro occidental» en lo ocurrido en el Báltico. Además, durante la ceremonia de anexión de las regiones ucranianas de Lugansk, Donetsk, Zaporiyia y Jersón, celebrado el viernes 30 en Moscú, el propio Putin calificó el incidente como un «acto de terrorismo internacional» concebido para «destruir la infraestructura energética europea común». El jefe del Kremlin acusó abiertamente a los países anglosajones y sus vasallos de la autoría de estos hechos, para quien Estados Unidos, Ucrania y Polonia estaban entre los principales interesados en la destrucción del NS1 y NS2. Para el jerarca ruso, el culpable no podía ser otro que quien obtendría beneficios con la destrucción de los gasoductos: «Lo hizo el que se beneficia, por supuesto», declaró en referencia directa a EE.UU. Y añadió: «Las sanciones no son suficientes para los anglosajones, han pasado a un sabotaje increíble».[15]

De cualquier modo, con o sin sabotaje, ninguno de los dos gasoductos estaba en servicio cuando se produjeron las explosiones. El NS1 había interrumpido el suministro hacía algunas semanas aduciendo problemas técnicos, mientras que el segundo nunca llegó a entrar en funcionamiento debido al

https://www.infobae.com/america/eeuu/2022/09/27/estados-unidos-condeno-el-sabotaje-al-gasoducto-nord-stream-las-fugas-estan-bajo-investigacion/

[15] *Rusia asevera que EE.UU. tiene interés en el sabotaje de Nord Stream*. La Vanguardia, 2 de octubre 2022. Ver online: https://www.lavanguardia.com/internacional/20221002/8551623/rusia-sabotaje-nord-stream-gasoducto-estados-unidos.html

Rusia compara el sabotaje de Nord Stream con el atentado en Nicaragua de 1983. El Periódico de la Energía, 5 de octubre de 2022. Ver online: https://elperiodicodelaenergia.com/rusia-compara-sabotaje-nord-stream-atentado-nicaragua-1983/

bloqueo impuesto por el gobierno alemán en respuesta al reconocimiento de las repúblicas separatistas de Donetsk y Lugansk por parte de Moscú en el mes de febrero.

El gas natural es un recurso esencial para la generación de energía eléctrica y la calefacción doméstica de Europa, donde viven unas 450 millones de personas. Durante el año 2021 un alto porcentaje del gas consumido por los países europeos provino de suelo ruso. El proyecto Nord Stream era clave para asegurar el suministro durante las siguientes cuatro o cinco décadas. Las tuberías del NS1 y NS2 se conectaban directamente con Europa Occidental a través de Alemania, complementando el suministro de gas proporcionado por otros gasoductos más antiguos que pasan por el este de Europa, específicamente por Ucrania, Polonia, Eslovaquia y República Checa, países que hace tan sólo treinta años se encontraban subordinados a la URSS y que ahora, obviamente, han vuelto su mirada hacia Occidente. El sabotaje de los gasoductos en el Báltico sepultó esa posibilidad.

Creemos que en este misterioso episodio del sabotaje al proyecto gasífero ruso-alemán nos encontramos ante una clave importante que permite entender el trasfondo de la guerra de Ucrania.

**LOS INTERESES EN JUEGO EN
LA "GUERRA DEL GAS"**

El NS1 y el NS2 son gasoductos que atraviesan el mar Báltico con el fin de llevar gas natural desde Rusia hasta el noreste de Alemania conectando las extensas reservas del país eslavo con el frágil mercado energético de la Unión Europea (UE). La ruta de ambos sistemas de tuberías de acero de 34 mm de espesor, cubiertas en algunas partes de más de 110 mm de hormigón, se extienden por 1.224 km atravesando las aguas territoriales de Rusia, Dinamarca y Alemania, y pasando por las Zonas Económicas Exclusivas de Rusia, Finlandia, Suecia, Dinamarca y Alemania. Según informa el sitio web de la empresa, antes del sabotaje el NS1 y el NS2 tenían la capacidad de transportar unos 55.000 millones de metros cúbicos (bcm) al año durante al menos 50 años[16].

El primero de estos gasoductos, el Nord Stream 1, originalmente conocido como Gasoducto Europeo del Norte o Gasoducto Ruso-Alemán, estaba en uso desde el año 2011 extendiéndose desde Vyborg, ciudad portuaria ubicada sobre la orilla norte de la bahía del mismo nombre, unos 140 km al noroeste de San Petersburgo, hasta el balneario de Lubmin en Alemania, en la bahía de Greifswald. Por su parte, el Nord Stream 2 se extiende desde la localidad de Ust-Luga, en el noroeste de Rusia, cerca de Estonia, en la orilla sur de la Bahía de Vyborg, llegando a la misma planta de procesamiento que el NS1, en Lubmin.

Propiedad del proyecto

La propiedad de este ambicioso proyecto gasístico pertenece al consorcio *Nord Stream AG,* formado por cinco

---

[16] Ver online: https://www.nord-stream.com/the-project/pipeline/

empresas. Su principal accionista es el gigante gasífero *Gazprom* (51%), que opera bajo el control del estado ruso. Luego están la alemana ***Wintershall Dea AG*** (15,5%), propiedad de **BASF**, la empresa química más grande del mundo; la también alemana ***E.ON*** (15,5%), una de las mayores compañías eléctricas de Europa, que entró en el negocio a través de su filial suiza ***PEG Infrastruktur AG***. Accionistas minoritarios (9%) son *Gasunie*, empresa de Países Bajos especializada en la construcción de infraestructura y el transporte de gas; y *ENGIE*, gigante del sector energético francés que opera en más de sesenta países alrededor del globo.

El consorcio vio la luz en septiembre de 2005 luego de que Gazprom, BASF y E.ON acordaran construir un gasoducto en el norte de Europa. El nombre original de la empresa fue *North European Gas Pipeline Company*. Para su constitución se eligió la pequeña ciudad suiza de Zug, que pese a tener menos de 20.000 habitantes, aloja a cerca de 30.000 empresas, entre ellas 500 grandes multinacionales. Esta localidad, que tiene la fama de ser "un paraíso fiscal dentro de un paraíso fiscal", está a tan sólo 40 kilómetros de Zúrich y a unos 140 de la localidad de Davos, sede del Foro Económico Mundial. Dos meses después de la constitución de la sociedad se iniciaron los trabajos para la construcción del gasoducto Gryazovets-Vyborg, encargado de traer el gas desde el interior de Rusia hasta el puerto de Vyborg. La tubería tiene una longitud de 917 km y forma parte de una inmensa red de gasoductos pertenecientes a Gazprom. Casi un año después, en octubre de 2006, el consorcio pasó oficialmente a llamarse Nord Stream AG.

Los intereses (en pro y en contra) detrás del Proyecto Nord Stream

Entre las personalidades contratadas por Nord Stream para allanar el arduo camino para la realización del proyecto estuvo el socialdemócrata Gerhard Schröder, ex canciller de Alemania entre 1998 y 2005. Schröder, tras perder las elecciones con Angela Merkel, se transformó en presidente del Consejo de Supervisión de Nord Stream AG, siendo designado presidente de la Junta de Accionistas un año más tarde. Entre otras cosas, Schröder es amigo personal de Putin, lo que pudo ser un factor fundamental para la materialización del proyecto de construcción de un gasoducto ruso-alemán. Fue el propio Schröder, de hecho, cuando todavía era canciller, el encargado de firmar el acuerdo que dio vida al proyecto con su homólogo del Kremlin.

El caso de Schröder es más que interesante pues, en forma simultánea a su incorporación a Nord Stream, fue designado como miembro del Consejo Asesor Europeo de Rothschild & Sons, comúnmente conocido como Grupo Rothschild, lo que pudiera leerse como un apoyo de este grupo al proyecto y, eventualmente, a la agenda de Putin en Europa. Además, en 2008 fue nombrado experto en Relaciones Internacionales del Departamento de Ciencias Sociales de la Academia de Ciencias de Rusia. También es miembro de la Comisión Trilateral, organización privada de carácter transnacional que reúne a expertos en economía y negocios de las tres principales zonas económicas del mundo: América del Norte (léase Estados Unidos y Canadá), Europa Occidental y Asia Pacífico (léase Japón). Por si fuera poco, en 2017 se convirtió en presidente del Consejo de Administración de Rosneft, empresa petrolera propiedad del estado ruso. Tras el estallido del conflicto en Ucrania se inició un proceso en su contra en Alemania por su presunta complicidad en la comisión de crímenes contra la humanidad debido a sus estrechos vínculos con Moscú. En paralelo, el Partido Socialdemócrata Alemán (SPD) inició un proceso para expulsarlo de sus filas. Si ponemos atención a los vínculos de Schröder, salta la vista el complejo entramado de influencias que forma parte del telón de fondo del conflicto gasífero y de la guerra de Ucrania.

También se sumó al apoyo a los gasoductos el ex primer ministro de Finlandia Paavo Lipponen, a quien se le encargó gestionar en su país la aprobación del paso de las tuberías por el espacio marítimo finlandés a cambio, por supuesto, de atractivas comisiones.

Otra figura interesante que de pronto se pasó al bando ruso es Alexander Rahr, un consultor empresarial e historiador alemán que entre 1982 y 1994 trabajó como analista para la influyente radioemisora Radio Europa Libre, también llamada Radio Libertad (RFE/RL), financiada por el Congreso de los Estados Unidos —e incluso por la CIA, especialmente en tiempos de la URSS—, cuya señal llega en 27 idiomas a una amplia audiencia de 23 países de la órbita soviética en Europa del Este, Cercano Oriente y Asia Central. En forma simultánea, Rahr trabajó para la todopoderosa Rand Corporation, importante centro de pensamiento estadounidense que asesora a las fuerzas armadas de dicho país en temas geopolíticos y estratégicos [**Nota de El Editor:** entre otras personalidades ligadas a la Corporación Rand, para que nos hagamos una idea del peso de esta institución, están Donald Rumsfeld, Condoleezza Rice y Francis Fukuyama]. Después brindó sus servicios a la Sociedad Alemana de Política Exterior (DGAP), donde estuvo hasta 2012, momento en que pasó a liderar el trabajo del Foro Germano Ruso y se convirtió en asesor principal de *Wintershall*, una de las empresas accionistas de Nord Stream AG. Además, en 2014 fue vicepresidente y luego miembro del consejo asesor de la Unión de Empresas Rusas en Alemania, y desde 2015 en adelante es asesor de Gazprom para asuntos de la Unión Europea en Bruselas.

Otro que ha apoyado decididamente el proyecto de Nord Stream es el Partido Alternativa para Alemania (AfD), de ideología nacionalista, conservadora y euroescéptica. En un artículo de Deutsche Welle de marzo de 2018 se informa del viaje de una delegación de ese partido que en plena crisis ruso-ucraniana tras la anexión de Crimea visitó la península demandando el término de las sanciones. En la ocasión, el vicepresidente del grupo parlamentario de la colectividad, Leif-Erik Holm, demandó también mayores esfuerzos al gobierno alemán en apoyo al NS2 en medio de la campaña en su contra orquestada por Washington.[17]

En el otro extremo del espectro político, el partido La Izquierda (*Die Linkspartei*), heredero del antiguo Partido de la Unidad Socialista (SED) de la RDA, es un habitual defensor del Kremlin. El mismo año 2018 el portavoz de política de seguridad del partido, por entonces miembro del Bundestag, Matthias Höhn, pidió el fin de lo que llamó la «paranoia hacia Rusia».[18]

Distinto es el caso de Matthias Platzeck, ex presidente del SPD y del Estado Federado de Brandemburgo, que es un antiguo aliado de Rusia y de su proyecto gasífero. Luego de abandonar la política en 2013 se convirtió en director del Foro Germano-Ruso, donde coincidió con Alexander Rahr. La misión de esta entidad sin fines de lucro con sede en Berlín es fortalecer el diálogo entre ambos países. Obviamente, las actividades de esta organización no son bien vistas en Washington. Tras la invasión de Ucrania, Platzeck renunció a la presidencia del Foro, luego de lo cual la entidad condenó el actuar de Rusia suspendiendo actividades hasta que las partes encuentren una salida pacífica. El ex dirigente del SDP criticó ácidamente a Putin por su decisión de iniciar una guerra en suelo europeo en pleno siglo XXI. Y declaró, en tono pesimista: «Esta incursión podría llevarnos a una nueva edad de hielo. Habrá algo así como una Guerra Fría». En el peor de los casos, dijo Platzeck, habrá una nueva carrera

---

[17] Jefferson Chase. *¿Quiénes son los aliados de Putin en Alemania?* Deutsche Welle. 28 de marzo 2018. Ver online: https://p.dw.com/p/2v9Ng

[18] Ibíd.

armamentista y la situación regresará «al capítulo más oscuro del siglo pasado». Pero antes de la invasión de Ucrania este político alemán había sido enfático en acusar a Occidente de ignorancia y de arrogancia en la forma de tratar a Rusia, criticando tanto la expansión de la OTAN hacia el este como las sanciones occidentales tras la anexión de Crimea.[19]

En Alemania siempre ha habido grupos de interés comprometidos en fortalecer los lazos con el gigante euroasiático. De hecho, el comercio entre Alemania y Rusia genera unos 41 mil millones de euros al año. El Comité Oriental de Empresas Alemanas (OA), que abarca casi a cuatrocientas empresas —entre ellas BASF, Deutsche Bank, Commerzebank, Siemens y otros gigantes—, además de cinco asociaciones comerciales, sostiene que para Alemania los estados de Europa Central y del Este, más el Cáucaso Meridional y Asia Central, representan un mercado de exportación incluso más importante que Estados Unidos y China.

Obviamente estos grupos tuvieron siempre una opinión favorable sobre el proyecto Nord Stream. Y esta opinión positiva fue reforzada por la psicosis que se desató contra las centrales nucleares después del accidente de Fukushima tras el terremoto de Japón en 2011. El incidente de la central nipona aportó argumentos a favor del abandono de la energía nuclear para la generación de electricidad, posición impulsada por grupos ecologistas y sectores preocupados por la seguridad de dichas plantas, que son consideradas susceptibles de ataques terroristas y de accidentes como los de Chernóbil y Fukushima. Hay que tener en cuenta que una década antes del inicio de la construcción del NS1 —es decir,

---

[19] Matthias Platzeck sobre Rusia: "Me equivoqué". Süddeutsche Zeitung, 25 de febrero de 2022. Ver online: https://www.sueddeutsche.de/politik/konflikte-dresden-matthias-platzeck-zu-russland-ich-habe-mich-getaeuscht-dpa.urn-newsml-dpa-com-20090101-220225-99-288702

en el año 2000—, la propia Alemania había anunciado su intención de abandonar la energía nuclear en un plazo de 20 años. El Nord Stream, en ese sentido, venía como anillo al dedo. Pero el crecimiento de la demanda de combustibles fósiles era, sin duda, un punto de conflicto dadas las implicaciones económicas y políticas de la industria. El mercado europeo era una presa apetecida por todos.

En un informe publicado a fines de 2014 en un foro de funcionarios y autoridades del Fondo Monetario Internacional (FMI), se llegó a decir que el gas natural estaba «creando una nueva realidad para las economías en todo el mundo». Según el autor de este comentario, «tres grandes acontecimientos ocurridos en los últimos años han puesto al gas natural en el primer plano: la revolución del gas de esquisto en Estados Unidos, la reducción del suministro de energía nuclear tras el desastre de Fukushima en Japón y las tensiones geopolíticas entre Rusia y Ucrania».[20]

En efecto, en forma simultánea a la puesta en marcha del proyecto Nord Stream se produjo en Estados Unidos la llamada «revolución del esquisto». El *shale* o roca de esquisto es una formación sedimentaria que suele contener grandes depósitos de gas y de petróleo (*shale gas* y *shale oil*). El problema es que el esquisto carece de la permeabilidad suficiente como para que estos materiales puedan ser extraídos mediante métodos convencionales, lo que dejaba una enorme cantidad de reservas sin posibilidad de ser explotadas. Hasta que en 1998 una compañía estadounidense, *Mitchell Energy Services*, de propiedad del ingeniero George Mitchell, encontró la forma de mejorar la tecnología de la fracturación hidráulica para su uso comercial intensivo. El procedimiento, mejor conocido como *fracking*, consiste en

---

[20] Rabah Arezki. *Gas natural: El nuevo oro*. IMFBlog, 11 de diciembre 2014, Ver online:
https://www.imf.org/es/Blogs/Articles/2014/12/11/4643

inyectar agua, arena y aditivos químicos a alta presión en el lecho rocoso lo que hace que los hidrocarburos atrapados fluyan hacia la superficie. Desde que se inició la revolución del esquisto Estados Unidos se convirtió en un gran exportador de petróleo y de gas natural. Informes de 2019 de la *U.S. Energy Information Administration* (EIA), predecían que para el 2022 Estados Unidos se convertiría en un exportador neto de energía revirtiendo la tendencia existente desde 1953.[21]

En este contexto, la guerra ruso-ucraniana ha venido a reforzar el emerger del gas de esquisto como alternativa para el siempre ávido mercado energético europeo, especialmente tras el sabotaje de los gasoductos del Nord Stream, confirmando lo expresado en el foro del FMI. Es decir, en tiempos en que la seguridad energética global se tambalea, el principal beneficiado es la industria del fracking estadounidense.

---

[21] *El ingenio e impulso estadounidense puso en marcha la revolución del petróleo de esquisto.* ShareAmerica, 12 marzo 2019. Ver online: https://share.america.gov/es/el-ingenio-e-impulso-estadounidense-puso-en-marcha-la-revolucion-del-petroleo-de-esquisto/

LUCHA DE TITANES: LA CONTROVERSIA POR EL NORD STREAM 2

La construcción del NS2 comenzó gestionarse en mayo de 2011 y debía estar terminado al año siguiente, pero fue sufriendo retrasos debido a que, como veremos, el proyecto Nord Stream estaba tocando muchos intereses tanto económicos como políticos. Los permisos para el inicio de la construcción no se dieron hasta el año 2018 por lo que la obra fue entregada recién en septiembre de 2021. Sin embargo, a contar de esa fecha Alemania fue retrasando el visto bueno y el NS2 nunca llegó a entrar en servicio. La causa principal de la engorrosa situación fue la tenaz oposición que desde un principio ejerció Estados Unidos en contra de este proyecto.

La materialización del sistema de gasoductos de Nord Stream apuntaba a la independencia energética de la Unión Europea, fortaleciendo de paso las relaciones entre Berlín y Moscú. Hay que tener en cuenta que Europa es una zona de interés estratégico para la principal superpotencia del planeta por lo que se entiende que una mayor autonomía europea en ese y en cualquier otro sentido jamás va a ser vista con buenos ojos en los pasillos de Washington. En este punto están plenamente de acuerdo tanto demócratas como republicanos, pues el esfuerzo de boicotear el proyecto del Nord Stream 2 abarcó las administraciones de Obama, de Trump y ahora de Biden. Esto, que es un hecho de la causa, devino en un plan combinado de asedio político, jurídico y diplomático que incluyó sanciones económicas, cambios en las regulaciones, modificación de requisitos para las certificaciones e incluso presiones contra contratistas, proveedores y compañías aseguradoras, entre otras argucias. Como era de esperar, al boicot se sumaron también organizaciones ambientalistas como el influyente Fondo

Mundial para la Naturaleza (WWF), aduciendo su preocupación por el impacto ambiental del proyecto.

El escozor que provocó el acuerdo de construcción de los gasoductos fue expresado gráficamente en 2006, a poco de constituirse la empresa Nord Stream AG, por el entonces ministro de Defensa de Polonia y actual diputado del Parlamento Europeo, Radosław Sikorski, quien en medio de una conferencia celebrada en Bruselas comparó el proyecto Nord Stream con el Pacto Ribbentrop-Molotov firmado por la Alemania nazi y la URSS en 1939.

Quienes se oponían al proyecto advirtieron que se trataba de una estrategia del Kremlin para ir restándole importancia a las rutas gasíferas que pasan por países de la órbita postsoviética, que mantienen vínculos problemáticos con Moscú, como Polonia, Ucrania, Eslovaquia y República Checa. [**Nota de El Editor:** El Oleoducto Yamal-Europa conecta los campos de gas natural de Siberia Occidental con Polonia y Alemania, pasando por Bielorrusia. A su vez, por Ucrania, Eslovaquia y República Checa pasa el Oleoducto Druzhba, uno de los más largos del mundo, trayendo gas desde el corazón de Rusia en los Urales, Siberia y el Mar Caspio]. Por supuesto, para estos países el éxito de Nord Stream implicaba una merma en sus ingresos de tránsito, además de una significativa pérdida de influencia política derivada de su rol en el suministro de gas a otros países de la UE. Informes que datan del año 2011 calculaban que, de entrar en actividad el NS2, Ucrania perdería alrededor de $ 720 millones de dólares al año, teniendo en cuenta que Gazprom había anunciado que desviaría unos 20 mil millones de bcm de gas transportado a través de Ucrania a las tuberías del NS2 en el Báltico.[22]

---

[22] *Nord Stream cuesta a Ucrania 720 millones de dólares*. UPI, 20 de mayo 2011. Ver online:
https://www.upi.com/Business_News/Energy-Industry/2011/05/20/Nord-Stream-costs-Ukraine-720-

Este dato es ratificado por un informe publicado en 2019 por la RAND Corporation donde se señala que el 39 % del gas ruso que llegó a Europa en el año 2015 fluyó a través de Ucrania, el 29 % a través de Bielorrusia y el 30 % a través de Alemania, vía Nord Stream 1. Por entonces se estimaba que la entrada en funcionamiento del NS2 a plena capacidad representaría el 45 por ciento de las importaciones de 2015 y el 14 por ciento de las importaciones totales.[23]

En el fondo, fortaleciendo su vínculo con Alemania, Rusia abría una brecha entre Washington y el principal socio de la UE y de la OTAN. Era una jugada estratégica inteligente y arriesgada que, evidentemente, no podía no sacar ronchas al otro lado del Atlántico. Por lo demás, mientras más dependiente se volviera Europa del gas ruso, más posibilidades tendría el Kremlin de ejercer influencia política sobre los gobiernos del continente haciendo uso de la amenaza del cierre de la llave del gas, como efectivamente ocurrió tras las sanciones aplicadas por la comunidad internacional luego de la invasión de Ucrania.

Entre las críticas razonables hechas al proyecto está la escasa transparencia de la empresa matriz. En un informe publicado por el Instituto Fridtjof Nansen (FNI) en 2008 se menciona que la constitución Nord Stream AG en territorio suizo da para pensar que el proyecto en sí mismo es poco transparente dadas las estrictas leyes de secreto bancario que operan en dicho país. Evidentemente, estas dudas se potencian si se tiene en cuenta la mala fama que en materia de

---

million/UPI-83611305917575/

[23] Dobbins, James, Raphael S. Cohen, Nathan Chandler, Bryan Frederick, Edward Geist, Paul DeLuca, Forrest E. Morgan, Howard J. Shatz, and Brent Williams. *Overextending and Unbalancing Russia: Assessing the Impact of Cost-Imposing Options*. Santa Monica, CA: RAND Corporation, 2019, p. 59 Ver online:
https://www.rand.org/pubs/research_briefs/RB10014.html.

transparencia tiene Gazprom, el accionista mayoritario del consorcio. Además, citando a un analista en seguridad sueco, el informe del FNI señala que «el gigante energético ruso tiene "una tradición de estar relacionado con empresas bastante dudosas», añadiendo que «Gazprom y Nord Stream podrían usar subcontratistas, intermediarios o subsidiarias turbias (que pueden estar registradas en el extranjero) y por lo tanto evadir responsabilidades ambientales o de otro tipo». [24]

También se plantearon aspectos militares y de seguridad en la controversia, como las reticencias ante una mayor presencia naval rusa en el Báltico.

En julio de 2016 dos influyentes senadores republicanos, el fallecido John McCain y Marco Rubio, hicieron llegar una carta al entonces presidente de la Comisión Europea, Jean-Claude Juncker, aseverando que el NS2 era un paso atrás para la política de diversificación energética de Europa. McCain y Rubio se mostraron preocupados de que el proyecto pudiera socavar las economías de Ucrania y de Europa del Este.[25]

En general, la clase política del Viejo Continente coincidió desde un principio con la opinión desfavorable al NS2. Lo llamativo es que esta crítica fue firmemente sostenida tanto por grupos de interés ambientalistas como por el lobby energético estadounidense aduciendo que el proyecto no

---

[24] Bendik Solum Whist. Nord Stream: Not Just a Pipeline. *An Analysis of the Political Debates in the Baltic Sea Region Regarding the Planned Gas Pipeline from Russia to Germany.* Fridtjof Nansen Institute. Report 15/2008. Lysaker, FNI, 2008, 77 p. Ver online: https://www.fni.no/getfile.php/132119-1469870364/Filer/Publikasjoner/FNI-R1508.pdf

[25] *United States is attacking Russia's gas projects in Europe.* EurAsia Daily, 14 julio 2016. Ver online: https://eadaily.com/en/news/2016/07/14/united-states-is-attacking-russias-gas-projects-in-europe

beneficiaba a la Unión Europea, argumentación que puede ser considerada como una verdad a medias pues, en efecto, los beneficiados serían los países en sí mismos, no Bruselas. Los gobiernos que quisieran acceder al gas ruso vía NS2 sólo tenían que negociar con Alemania. Entre quienes más opusieron resistencia estaban los antiguos miembros del bloque socialista, especialmente Polonia, Hungría, República Checa, Eslovaquia, Rumanía, Estonia, Letonia y Lituania, que aprendieron por experiencia propia a desconfiar de las intenciones de Moscú.

Mientras, en la trinchera opuesta se esgrimían otro tipo de argumentos. En 2017 Isabelle Kocher, directora ejecutiva de ENGIE –empresa socia de Nord Stream AG–, hizo una fuerte crítica a las sanciones estadounidenses contra el gasoducto ruso-alemán, afirmando que eran un intento de promover el gas estadounidense en Europa. En el mismo sentido se pronunciaron el ex Vicecanciller alemán Sigmar Gabriel, que por entonces ejercía también como Ministro de Relaciones Exteriores de su país, y el por entonces Canciller de Austria, Christian Kern. «El suministro de energía de Europa es un asunto de Europa, no de Estados Unidos de América –dijeron en su comunicado conjunto, añadiendo–: Los instrumentos de sanciones políticas no deben estar vinculados a intereses económicos».[26]

Para los partidarios del NS2 era evidente la intención de los opositores al proyecto de fortalecer las posiciones en torno al gas licuado estadounidense, más caro y contaminante que el gas natural ruso. Según el analista del Fondo Nacional de Seguridad Energética de Rusia, Igor Yushkov, el principal interés de su país para construir los gasoductos era «crear

---

[26] Elena Mazneva, Patrick Donahue y Anna Shiryaevskaya. *Germany, Austria Tell U.S. Not to Interfere in EU Energy.* Bloomberg, 15 de junio de 2017. Ver online: https://www.bloomberg.com/news/articles/2017-06-15/u-s-toughens-stance-on-russian-gas-as-engie-defends-new-pipe

alternativas a la red de gas de Ucrania, mientras que el objetivo de los estadounidenses es llevar a los rusos de regreso a Ucrania y continuar financiando ese país a expensas de Gazprom. No es un secreto que el gas ruso le da a Ucrania miles de millones de dólares estadounidenses».[27]

El periodista chileno Pablo Jofré Leal, un hombre de izquierdas que trabaja para medios como TeleSur, HispanTV y Rusia Today (RT), afirma: «El gas ruso debería compensar la disminución del gas de Noruega, Países Bajos y otros países europeos que ya no poseen posibilidades de yacimientos de gas. Se da la paradoja que países con enormes transnacionales energéticas como Italia (ENI) Francia (Total) Países Bajos (Shell) y Gran Bretaña (British Petroleum) no poseen ni petróleo ni gas, son simplemente especuladores, empresas propietarias y oportunistas que suelen aprovechar las ventajas derivadas de guerras de agresión, invasiones y gobiernos corruptos para asentar sus garras en ricos yacimientos que los provean no sólo de la energía sino que de ingentes capitales con los cuales seguir gozando las prebendas de países desarrollados. Resulta una clara política de doble rasero criticar el suministro de gas de Rusia a Europa alegando temas vinculados a soberanía energética, al mismo tiempo que las empresas transnacionales europeas suelen participar del financiamiento a los grupos en guerra en países ricos en recursos energéticos para tener la primera línea en su explotación. No es casual que la italiana ENI en Libia entregue su sostén al Gobierno de Acuerdo Nacional –GAN– con sede en Trípoli, en la trinchera opuesta a la Total francesa, que apoya al mariscal Jalifa Haftar que controla los pozos, refinerías y puertos del este libio».

---

[27]   Pablo Jofré Leal. *Nord Stream II: La Soberanía Alemana en Entredicho*. SegundoPaso, 5 febrero 2021. Ver online: https://segundopaso.es/news/1345/Nord-Stream-II-La-Soberan%C3%ADa-Alemana-en-Entredicho

Jofré añade, citando las palabras del eurodiputado del Partido Popular Europeo Markus Piper: «Si abandonamos la energía nuclear y el carbón al mismo tiempo, necesitamos el gas natural como puente vulnerable hacia la era del hidrógeno. Visto así, el fin de Nord Stream es el comienzo del gas licuado estadounidense. Es mucho más caro y contaminante, pero es un negocio para Estados Unidos. Así que para Estados Unidos, ya sea Trump o Biden, Nord Stream no tiene que ver con los intereses de seguridad, sino con su propio negocio de fracking o fracturación hidráulica a costa del medio ambiente».[28]

La amenaza de Biden y el informe de la RAND Corporation

En este punto cabe recordar que en el mes de febrero, durante una visita a la Casa Blanca del entonces flamante canciller de Alemania, Olaf Scholz, el presidente Joe Biden declaró en tono amenazante —con el canciller alemán a su lado pues de trataba de una rueda de prensa conjunta—: «Si Rusia invade, y eso significa tanques y tropas cruzando la frontera de Ucrania, ya no habrá un Nord Stream 2, le pondremos fin». En la ocasión, ante la dura amenaza, una periodista de Reuters le preguntó: «¿Cómo lo harán exactamente, ya que el proyecto y el control del mismo están en manos de Alemania?». A lo que Biden, sin inmutarse, simplemente respondió —y, recordemos, ¡con el canciller alemán a su lado!—: «Lo haremos, se lo prometo, podremos hacerlo».[29]

---

[28] Ibíd.

[29] *Biden avisa que EEUU "pondrá fin" al gasoducto europeo Nord Stream 2 si Rusia invade Ucrania.* El Economista, 8 de febrero 2022. Ver Online: https://www.eleconomista.es/economia/noticias/11606198/02/22/Biden-avisa-de-que-EEUU-pondra-fin-al-gasoducto-europeo-Nord-Stream-2-si-Rusia-invade-Ucrania.html

Así, tirando del hilo de la oscura trama de la lucha por los gasoductos es probable que nos estemos acercando al corazón del conflicto de Ucrania.

En una columna del periodista argentino Eduardo J. Vior, leemos:

«Respondiendo a las preguntas de un periodista neerlandés, el 27 de enero de 2003 el entonces secretario de Defensa de EE.UU., Donald Rumsfeld, diferenció entre la "Vieja Europa" (liderada por Francia y Alemania), que sólo traía problemas a EE.UU., y la "Nueva" (los países de Europa Central y Oriental, que antes eran socialistas), más interesada en cooperar con los norteamericanos. Esta escisión recorre la política norteamericana hacia sus aliados. Se corresponde con el traslado del centro de gravedad de la OTAN hacia el este, hasta las fronteras de Rusia. La destrucción de los gasoductos Nord Stream 1 y 2, que debían proveer a Alemania y Europa Central con el gas ruso, llevó ese desplazamiento a un punto crítico: hundida la economía alemana y conectada Polonia al gas noruego, Europa queda desvinculada de Rusia y sometida a los anglosajones».[30]

Asimismo, en el interesante informe de la RAND Corporation que citamos más arriba se analiza la viabilidad de obligar a Rusia a extenderse más allá de sus límites a fin de generar desequilibrios en su poderío militar, económico y político. El propósito de la RAND era, en palabras de los autores del informe, «examinar una gama de posibles medios para extender Rusia. Con esto nos referimos a medidas no violentas que podrían estresar el ejército o la economía de Rusia o la posición política del régimen en el país y en el extranjero. Los pasos que postulamos no tendrían ni la defensa ni la disuasión como su propósito principal, aunque

---

[30] Eduardo J. Vior. *La guerra de los gasoductos*. Hoy Día Córdoba, 5 octubre 2022. Ver online: https://hoydia.com.ar/opinion/la-guerra-de-los-gasoductos/

podrían contribuir a ambos. Más bien estos pasos se conciben como medidas que llevarían a Rusia a competir en dominios o regiones donde Estados Unidos tiene una ventaja competitiva, causando que Rusia se sobreextienda militar o económicamente o causando que el régimen pierda prestigio nacional y/o internacional, e influencia».

Entre las acciones planteadas se menciona la posibilidad de elevar las tensiones en Ucrania –recordemos que el informe es de 2019–, aunque poniendo cuidado en evitar una confrontación directa. Equivocadamente la RAND preveía, en caso de una invasión, una victoria relativamente sencilla para Putin. En cualquier caso, uno de los objetivos de esta estrategia era demostrar a Europa la factibilidad de ampliar el abanico de proveedores de gas y de petróleo con el fin de reducir la dependencia de los combustibles rusos.[31]

Entre las conclusiones, se dice: «Las medidas más prometedoras para estresar a Rusia son aquellas que abordan directamente estas vulnerabilidades, ansiedades y fortalezas, explotando áreas de debilidad mientras socavan las ventajas actuales de Rusia. Continuar expandiendo la producción de energía de EE.UU. en todas sus formas, incluidas las energías renovables, y alentar a otros países a hacer lo mismo maximizará la presión sobre los ingresos de exportación de Rusia y, por lo tanto, sobre los presupuestos nacionales y de defensa. Entre las muchas medidas analizadas en este informe, esta viene con el menor costo o riesgo».[32]

---

[31] Dobbins, James, Raphael S. Cohen, Nathan Chandler, Bryan Frederick, Edward Geist, Paul DeLuca, Forrest E. Morgan, Howard J. Shatz, and Brent Williams. *Overextending and Unbalancing Russia: Assessing the Impact of Cost-Imposing Options*. Santa Monica, CA: RAND Corporation, 2019. Ver online: https://www.rand.org/pubs/research_briefs/RB10014.html.

[32] Ibíd., p. 271.

Como vemos, el tema del gas está en el centro del actual conflicto de Ucrania con acusaciones mutuas de dos viejos adversarios, de trigos no muy limpios. En esta disputa por el mercado energético europeo se enfrentan el lobby estadounidense del gas natural licuado (GNL) y el gigante ruso Gazprom, controlador del proyecto Nord Stream. Ucrania simplemente ha quedado en el medio de esta pugna. Respecto de los demás actores, como la OTAN, tradicional brazo armado de Washington en Europa, y la propia Unión Europea e incluso los gobiernos de Zelenski y de Putin, sólo cabe señalar que se equilibran en torno a una compleja red de intereses y agendas de diversa orientación cuyo origen se conecta con un amplio abanico de fuerzas que van desde los omnipresentes poderes globalistas, incluyendo la mafia ambientalista, hasta la habitual corruptela de los oligarcas rusos y ucranianos, las intrigas de los servicios secretos de uno y otro lado, grupos mercenarios, traficantes de armas, etc.

A tener en cuenta: el Kremlin, un campo de batalla

Sobre el gobierno de Putin, sólo cabe señalar que hay quienes sostienen que hoy es el centro de una compleja trama de intrigas. Según un artículo del diario digital español El Confidencial, en estos mismos momentos se estaría produciendo una sorda lucha de poder tras los muros del Kremlin. Los protagonistas principales de esta pugna serían los "siloviki", los hombres fuertes de Putin, y el ala más radical de las fuerzas que lo apoyan, conformada por el controvertido líder checheno, Ramzán Kadirov, y el fundador del grupo Wagner, Yevgeny Prigozhin,.[33]

---

[33] Giulio Maria Piantadosi. *Putin y los "siloviki": las luchas de poder detrás de los muros del Kremlin.* El Confidencial, 16 octubre 2022. Ver online: https://www.elconfidencial.com/mundo/europa/2022-10-16/putin-siloviki-luchas-poder-kremlin-ucraina_3506358/

Los *siloviki* son miembros o ex miembros de las Fuerzas Armadas y de los servicios de seguridad, hombres acostumbrados al poder y nostálgicos de la época soviética. Entre estos *hombres fuertes* que conforman el círculo íntimo de Putin se cuentan los ministros de Defensa, Serguéi Shoigú, de Interior, Vladímir Kolokoltsev, y de Relaciones Exteriores, Serguéi Lavrov, además de la cúpula del influyente Consejo de Seguridad de la Federación Rusa cuyo director o secretario es Nikolai Patrushev, al que algunos califican como el segundo hombre más poderoso del régimen. A ellos se suman los directores de los servicios de seguridad, el FSB (policía política interior), el SRV (servicio secreto en el extranjero) y el GRU (servicio de inteligencia militar).[34]

Según este medio, los *siloviki* están bajo la constante presión de un círculo exterior de poder cada vez más influyente compuesto por Kadirov y Prigozhin, quienes son muy críticos con la cúpula militar por el fracaso de la ofensiva en Ucrania. Ambos demandan tanto la imposición de la ley marcial como el uso de armas nucleares tácticas. Esta posición, señala el autor del artículo, es cada vez más popular en los grupos de Telegram.

En la periferia se posicionan otras figuras menos comprometidas con la guerra, pero con nula influencia en el núcleo de poder del Kremlin. En este grupo están la eficiente gobernadora del Banco Central, Elvira Nabiúllina –cuyas acciones consiguieron mitigar el impacto de las sanciones–, el primer ministro, Mikhail Mishustin, y el alcalde de Moscú, Serguéi Sobianin, entre otros. Finalmente se cita a algunos oligarcas y a los presidentes de las grandes compañías estatales como Gazprom, Rosfnet o Sberbank.

---

[34] Servicio Federal de Seguridad de la Federación de Rusia (FSB); Servicio de Inteligencia Exterior (SRV); Departamento Central de Inteligencia (GRU).

Un personaje importante, no mencionado en el artículo de El Confidencial, es el Jefe del Estado Mayor de las Fuerzas Armadas, el general Valeri Guerásimov, miembro también del Consejo de Seguridad.

A poco de producirse la invasión de Ucrania, medios de prensa occidentales plantearon la hipótesis de que se pudiera estar tramando un golpe de Estado contra Putin debido al descontento producido como secuela de las duras sanciones contra Rusia.

Se ha mencionado al propio Patrushev como parte de un «plan para volver a la URSS». En otro artículo del mismo medio se lo cita refiriéndose al papel central de las dos principales potencias angloparlantes en la conspiración antirrusa emprendida por Occidente. En una declaración del mes de junio, el secretario del Consejo de Seguridad habría señalado: «Para incrementar la riqueza de un puñado de magnates en la City de Londres y Wall Street, los gobiernos de EE.UU. e Inglaterra, controlados por el gran capital, están creando una crisis económica en el mundo condenando a millones de personas en África, Asia y Latinoamérica al hambre, limitando su acceso al grano, fertilizantes y recursos energéticos». En esa línea, Patrushev levanta su dedo acusador contra fondos ligados a las figuras de Clinton, Rockefeller, Soros y Biden acusándolos de estar implicados en la creación del Sars-CoV-2 en los laboratorios del Pentágono. Este virus es, recordémoslo, el causante de la pandemia de Covid 19.[35]

Según Patrushev, Rusia no estaría en guerra contra Ucrania sino contra la OTAN. En esta cruzada contra el *demonio* de Occidente, Moscú debería, según él, abandonar la

---

[35] Daniel Iriarte. *Nikolai Patrushev, el espía conspiranoico que susurra al oído de Putin*. El confidencial, 6 de julio 2022. Ver online: https://www.elconfidencial.com/mundo/2022-07-06/nikolai-patrushev-espia-conspiranoico-putin_3455541/

falsa creencia de que bastan los mecanismos de mercado para sacar adelante la economía rusa dejando de lado las especificidades del país. Es decir, aboga por restablecer un modelo económico dirigido por un Estado fuerte capaz de hacer cumplir las metas establecidas en el nivel central. Esto, obviamente, implica resucitar a la URSS.

Lo que preocupa en Occidente es que, de caer Putin, Nikolai Patrushev es, según algunos, una de las figuras políticas mejor posicionadas para reemplazarlo.

Como vemos, para juzgar lo que realmente está ocurriendo en Ucrania es necesario mirar los acontecimientos con mayor profundidad a objeto de comprender la multiplicidad de intereses que se están viendo las caras en los distintos frentes en que se libra esta guerra (escenario militar, financiero, comunicacional, informático, psicológico, etc.). En esta línea, el apoyo de Gerhard Schröder al proyecto de los gasoductos bajo el Báltico pudiera ser un indicio de que la Casa Rothschild está alineada de cierto modo a los intereses representados en esta ocasión por la Rusia de Putin. Este hecho podría sugerir la existencia de proyectos divergentes, incluso antagónicos, entre las dinastías de banqueros y financieros más poderosos del mundo, que arrastran tras ellos a las elites dominantes de los distintos países, los unos apoyando el proyecto atlantista (hegemonía estadounidense con creciente cesión de poder a un gobierno mundial único) y los otros al proyecto de un mundo multipolar en la línea del pensamiento duguiniano, encaminado a la afirmación de narrativas alternativas al orden liberal y globalista impuesto por Occidente —como los proyectos de la Gran Eurasia y los del Asia-Pacífico, el Indo-Pacífico, el Hispanista, etc.–, en el que, al menos en teoría, ninguno de los actores tenga la posibilidad de imponer de manera arbitraria su poder sobre los demás.

Como sea, la pureza del deseo de un mundo multipolar, con la consiguiente consolidación del proyecto de la Gran

Eurasia, se ha visto dramáticamente comprometida por el hecho de ser la Rusia de Putin y Patrushev, último estertor del régimen soviético, la encargada de llevarlo a cabo. Porque no se puede dejar pasar que, en su lucha contra el "demonio" de Occidente, los presuntos representantes del alma rusa, intelectuales incluidos, se sientan complacidos de celebrar alianzas con regímenes como los de Irán, Cuba, Venezuela y Nicaragua, entre otros estados cuyos líderes suelen sacar jugosas tajadas exportando la revolución sobre la base de establecer alianzas con organizaciones terroristas, cárteles del narcotráfico y de crimen organizado.

LA DESINDUSTRIALIZACIÓN DE EUROPA

Entre los mayores problemas de Europa está su dependencia energética. Según datos de la Comisión Europea, el 45,3% del gas natural consumido por los países miembros de la UE proviene de Rusia, muy lejos de Noruega (23,6 %) y Argelia (12,6 %). Hasta el momento del sabotaje, la participación de Estados Unidos en el mercado del gas natural en Europa era bastante menor, con un 5,8% de las importaciones. Sin embargo, ese país se había convertido en el mayor proveedor de gas natural licuado (GNL), con el 26% del mercado. El GNL es gas natural que ha sido procesado para ser transportado en forma líquida. Este tipo de gas debe ser almacenado y transportado en recipientes altamente aislados que preserven su estado líquido.

Ventajas y desventajas del GNL

La licuefacción reduce el volumen del gas 600 veces, manteniendo constante la masa (kg). Esto quiere decir que $1m^3$ de GNL es igual a $600m^3$ de gas natural. Por ello, el GNL puede ser fácilmente transportado en camiones y barcos cisterna porque ocupa menos espacio. Otra ventaja es que durante el proceso de licuefacción se eliminan impurezas como hidrocarburos pesados y otras partículas reduciendo con ello el impacto del gas sobre el medio ambiente. Por ello, algunos países de la UE han estado buscando favorecer el desarrollo de las infraestructuras relacionadas con el abastecimiento de GNL con el fin de ir avanzando en el logro de los objetivos climáticos establecidos en el Acuerdo de París, cuyo fin es reducir las emisiones de gases de efecto invernadero.

Pero la utilización de GNL tiene el inconveniente de necesitar que tanto los países productores como los receptores inviertan en la construcción de plantas de licuefacción y de regasificación, estas últimas para revertir el proceso y volver el gas a su estado natural antes de ser inyectado en los sistemas de transmisión, lo que añade costos adicionales que, finalmente, son traspasados a los consumidores finales.

La fragilidad energética de Europa

Poco después de la invasión de Ucrania la Comisión Europea, que es el órgano ejecutivo de la UE, lanzó un plan llamado *REpowerEU*, concebido para reducir la dependencia de Europa de los combustibles fósiles rusos y, de paso, acelerar lo que llaman «la transición limpia» hacia el uso de energías renovables[36]. Es decir, utilizando el resquicio de la guerra, Bruselas reforzó la agenda climática de la ONU. Ese es otro hecho de la causa que se debe tener en cuenta si se quiere ir desenredando la compleja madeja de intereses que están detrás del conflicto que actualmente mantiene en ascuas al mundo.

Adicionalmente, el 27 de septiembre, un día después del sabotaje de las tuberías NS1 y NS2, se inauguró el Gasoducto del Báltico, que llevará gas desde el Mar del Norte hasta Polonia, pasando por Noruega y Dinamarca. El *Baltic Pipe* asegura un suministro anual de 10 mil millones de metros cúbicos (bcm) de gas natural. En la ocasión, el primer ministro polaco, Mateusz Morawiecki, declaró: «La era de la dominación rusa en la esfera del gas está llegando a su fin».

---

[36] *La dependencia del gas ruso supera el 50 % en catorce países europeos.* El Periódico de la Energía, 27 abril 2022. Ver online: https://elperiodicodelaenergia.com/dependencia-gas-ruso-paises-europeos/

REPowerEU: Una energía asequible, segura y sostenible para Europa. Comisión Europea. Ver online: https://ec.europa.eu/info/strategy/priorities-2019-2024/european-green-deal/repowereu-affordable-secure-and-sustainable-energy-europe_es

Sin embargo, Putin manifestó en un foro sobre el tema de la energía la disponibilidad de su país para continuar enviando gas a Europa a través del Nord Stream 2, una vez que se haya reparado la fuga. El presidente ruso aclaró, eso sí, que el Nord Stream 1 ha quedado definitivamente inutilizado. Pese a ello, aseguró que Rusia continuará exportando su gas gracias a las rutas que siguen abiertas con China y Turquía.[37]

De cualquier manera, la situación permanece enrarecida, con sospechas de lado y lado. El primer ministro noruego, Jonas Gahr Store, declaró que había preocupación en su país por la seguridad de sus propias instalaciones de petróleo y de gas. Según fuentes periodísticas, un oficial de la Marina Real Noruega advirtió sobre la posibilidad de que se produjeran ataques contra la infraestructura gasífera de su país «en el próximo medio año». Y añadió: «El gobierno noruego tiene que darse cuenta de que, con mucho, el objeto estratégico más importante en toda Europa ahora es la importación de energía o gas de Noruega. Si esas entregas se cortaran, detuvieran o redujeran en gran medida, esto provocaría una crisis energética total en Europa».[38]

Simultáneamente, en los primeros meses de 2022 las importaciones de GNL de los Estados Unidos a la UE y el Reino Unido han experimentado un incremento significativo, llegando a cubrir el 49% del total. Una nota del portal de noticias alemán Deutsche Welle (DW), publicada días antes de la detección de las fugas, anuncia que un estudio realizado

---

[37] *Putin insiste a Europa en reactivar el Nord Stream 2 tras el sabotaje en el Báltico*. The Objective, 12 de octubre 2022. Ver online: https://theobjective.com/internacional/2022-10-12/putin-europa-nord-stream-2/

[38] *"Sabotaje": lo que sabemos de las fugas de gas del Nord Stream y quién estaba detrás de ellas*. Todas Noticias, 28 sept. 2022. Ver online: httpstodas-noticias.ccmsabotaje-lo-que-sabemos-de-las-fugas-de-gas-del-nord-stream-y-quien-estaba-detras-de-ellas-noticias-del-mundo

por el Instituto de Economía Energética de la Universidad de Colonia (EWI) predice que la potencia americana se transformará en la fuente de suministro más importante de gas natural licuado (GNL) en Alemania y el resto del continente europeo como consecuencia de la guerra de Ucrania.

Citamos:

> «Según el estudio, la demanda europea de GNL aumentará significativamente. En el caso de que el comercio de gas de Rusia se paralizara permanentemente, los tres sistemas de gasoductos de Noruega, Azerbaiyán y Argelia a la UE se utilizarían intensamente. Por lo tanto, un aumento en los volúmenes de entrega de estos países solo es posible de forma limitada. Según las estimaciones actuales, Noruega puede aumentar su producción hasta 2028, después la producción disminuirá. Se espera que las importaciones de los países exportadores del norte de África disminuyan también debido a que la demanda interna aumentará producto del crecimiento económico».

Y más adelante:

> «En todos los escenarios examinados, las importaciones estadounidenses aumentarán significativamente en comparación con 2021. Según el estudio, si no se comercializa gas entre Rusia y la UE, esto convertiría a Europa, junto con Asia, en uno de los mercados más importantes para el gas natural procedente de EE.UU.».[39]

¿Hacia la desindustrialización de Europa?

Una secuela devastadora de la crisis energética provocada por la guerra ruso-ucraniana puede ser su repercusión en el sector manufacturero y, por consiguiente, en el empleo. Ciertamente, el encarecimiento de la energía ha afectado en

---

[39] Klaus Ulrich. *Estudio confirma que EE.UU. será el mayor proveedor de gas de la UE*. Deutsche Welle, 23 de sept. de 2022. Ver online: https://p.dw.com/p/4HGtx

forma directa al sector industrial, lo que ha provocado una crisis de magnitud en empresas que requieren alto consumo de energía, como la industria siderúrgica, la metalúrgica, la química, la del aluminio, el papel y el cemento, entre otras.

Tenemos un ejemplo de esto en la siderúrgica *ArcelorMittal*, una de las principales acereras del planeta con presencia en 60 países, entre ellos Estados Unidos, con su filial *Mittal-Arcelor Steel Company*, y España, donde cuenta con 11 plantas industriales. En este último país la compañía propuso a los sindicatos de todas sus plantas, a excepción de una, la aplicación de un Expediente de Regulación Temporal de Empleo (ERTE) con vigencia hasta el 31 de diciembre de 2023. El ERTE es una medida de flexibilización laboral que les permite a las empresas hacer frente a situaciones excepcionales suspendiendo temporalmente los contratos de sus trabajadores o reduciendo sus jornadas, sin despedirlos. La medida afectaría a 8 mil operarios de la península.[40]

A principios de septiembre la misma compañía había hecho el anuncio de que apagaría hasta nuevo aviso uno de los dos hornos de su planta acerera de Bremen, Alemania, arguyendo el aumento del costo del gas y la fuerte contracción de la demanda. En la ocasión notificó también el inminente cierre de la planta de reducción directa de su fábrica de acero en Hamburgo, reduciendo la jornada de sus trabajadores a dos horas diarias. Según directivos de la compañía las perspectivas económicas no son positivas dados los altos costos del gas y la electricidad en Europa, lo que está disminuyendo la competitividad de sus productos.[41]

---

[40] Andrés Actis. *Por la crisis energética, un gigante del acero propone un ERTE para 8.000 empleados*. La Política Online, 15 sept. 2022. Ver online: https://www.lapoliticaonline.com/espana/economia-es/primer-gran-impacto-de-la-crisis-energetica-en-el-empleo-un-gigante-del-acero-propone-un-erte-para-8-000-empleados/

En agosto la Confederación Española de la Pequeña y Mediana Empresa (CEPYME) publicó un informe sobre los planes de contingencia que estaban activando las pymes españolas para hacer frente al fuerte incremento de costos tanto de energía como de materias primas, lo que estaba mermando su capacidad productiva y su rentabilidad. En ese contexto, comenzaron a reestructurar sus planes de producción, ajustar honorarios e incluso a contemplar cierres temporales, parciales o totales, de parte de sus plantas. El informe recoge el caso del empresario italiano Francesco Franzese, dueño de la histórica fábrica de conservas La Fiammante, quien compartió la factura de gas de la empresa en sus redes sociales. En julio de 2021 el costo de la factura fue de 120 mil euros. En 2022 el monto había llegado a 978 mil euros, un 700% de incremento.[42]

La Unión General de Trabajadores de España (UGT) admitió que muchas empresas españolas habían comenzado a sumarse al ERTES, añadiendo que el «goteo» de expedientes temporales que comenzó tras la guerra se estaba convirtiendo en un «hilo de agua».[43]

No hay duda de que el aumento de los costos de la energía está reduciendo las opciones del sector industrial europeo. Con una recesión en perspectiva, muchas empresas han

---

[41] *ArcelorMittal cerrará alto horno en planta alemana a medida que se disparan los precios del gas.* Reuters, 2 de septiembre de 2022. Ver online: https://www.reuters.com/business/energy/arcelormittal-shut-blast-furnace-german-plant-gas-prices-soar-2022-09-02/

[42] CEPYME detecta que las pymes están activando planes de contingencia por el incremento de costes. CEPYME, 1 de agosto 2022. Ver online: https://cepymenews.es/cepyme-detecta-pymes-estan-activando-planes-contingencia-por-incremento-costes

[43] Andrés Actis. Ibíd.

entrado en modo supervivencia. Pero hay algunas que se resisten a eso, como la propia ArcelorMittal que anunció sus planes de abrir operaciones en Texas en busca un entorno energético más amigable. Según expertos, el camino emprendido por este gigante del acero sería tan sólo una muestra de una tendencia observada en el sector industrial del Viejo Continente, que ha comenzado a considerar el traslado de sus operaciones a entornos más amigables en materia energética, como el mismo Estados Unidos que, además de garantizar precios más competitivos en ese ámbito, ofrece incentivos estatales en favor de determinados sectores como el acero, el cemento y la industria química, permitiendo a las empresas de esos rubros beneficiarse de la recientemente promulgada Ley de Reducción de la Inflación (IRA), que, entre otras cosas, acerca a ese país al cumplimiento de los objetivos climáticos establecidos en el Acuerdo de París.

Y aquí vemos cómo tras la engorrosa cadena de intereses que se ven las caras en el conflicto ruso-ucraniano asoma nuevamente su cabeza la agenda climática, aunque esta vez oculta tras innumerables capas de maquillaje geopolítico y financiero. Desde esta perspectiva, es posible percibir que lo de Ucrania pudiera no ser más que un escenario dispuesto para desencadenar ciertas fuerzas que permitan mover convenientemente las piezas. En este sentido, no sería un despropósito considerar el teatro de operaciones de la guerra y sus consecuencias en la economía europea como una especie de tablero de ajedrez en el que se ejecuta una coreografía infinitamente compleja y macabra destinada a producir determinados efectos.

En síntesis, el impacto masivo de la crisis en el sector laboral, con la consiguiente la conflictividad social, podría abrir las puertas del infierno en Europa, teniendo en cuenta, además, los múltiples problemas derivados de la crisis migratoria, las tensiones étnicas y religiosas y la creciente animosidad entre las distintas fuerzas políticas.

Además, con los Estados Unidos convertido en una especie de paraíso energético para el más que complicado sector industrial europeo, las cosas podrían ir de mal en peor. En pocas palabras, podríamos estar observando los prolegómenos de la desindustrialización de Europa.

En el fondo, estaríamos siendo testigos nada más y nada menos que de la destrucción de Europa. Así de simple. Y para concretar estos planes era fundamental destruir el naciente eje ruso-alemán, que descansaba sobre el trazado de los gasoductos del Báltico. De haberse concretado el proyecto Nord Stream, ganaban todos... menos Estados Unidos y sus socios de la OTAN, alineados como están con el globalismo, la agenda climática y el reseteo económico en un mundo que avanza irremisiblemente hacia una era autoritaria, despótica, posthumana.

ANEXOS

En el enrarecido contexto de la guerra de Ucrania, hemos seleccionado dos textos del filósofo ruso Aleksandr Dugin que sirven para comprender el estado de ánimo de la elite gobernante en Rusia, revelando cómo se están procesando los acontecimientos en un país que está siendo, literalmente, acorralado, llevándolo a luchar por su propia subsistencia bajo la premisa casi delirante de una presunta «guerra santa» contra Occidente, que es considerada «la civilización del Anticristo».

El tercer texto es una columna de Henry Kissinger publicada originalmente en el prestigioso semanario británico *The Spectator*. En este trabajo el influyente ex Secretario de Estado y eminente miembro del Grupo Bilderberg hace un vehemente llamado a la sensatez, urgiendo a las partes a poner fin al conflicto y entablar negociaciones de paz a objeto de evitar una eventual Tercera Guerra Mundial.

AL BORDE DE LA TERCERA
GUERRA MUNDIAL

Por **Aleksandr Dugin**

Publicado originalmente en *Tsargrad*
[15 de septiembre 2022][44]

En los últimos días, Ucrania ha visto cambios significativos en el equilibrio de poder. Esto tiene que entenderse como un todo.

Los contraataques de Kiev han fracasado en gran medida en la región de Jersón, pero, por desgracia, exitosos en la región de Kharkiv[45]. Es la situación en la región de Járkov y la retirada forzada de las fuerzas aliadas lo que constituye el punto de inflexión. Si dejamos de lado por ahora los efectos psicológicos y el sentimiento natural de patriotismo, cabe señalar que en toda la historia de la SVO hemos llegado al

---

[44] Ver: https://tsargrad.tv/articles/nachinaetsja-glavnaja-statja-aleksandra-dugina_625556

[45] Járkiv (o Járkov) es la es la segunda mayor ciudad de Ucrania, siendo el centro administrativo del óblast de Járkov en la región o distrito del mismo nombre, al noreste del país. Oficialmente el nombre de la ciudad en español es Járkov. En octubre de 2018 el Ministerio de Relaciones Exteriores de Ucrania solicitó que la transliteración al alfabeto latino del nombre de la ciudad sea Kharkiv (Járkiv) en lugar del tradicional topónimo Kharkov (Járkov), derivado del ruso.

punto de no retorno [**Nota del Editor:** SVO, sigla de *Spetsial'naya Voyennaya Operatsiya,* Operación Militar Especial].

Todo el mundo recomienda ahora tomar medidas extraordinarias para revertir la situación, y algunas de estas propuestas son bastante racionales. De ninguna manera pretendemos ser originales, únicamente estamos tratando de resumir los puntos y recomendaciones fundamentales y colocarlos en un contexto geopolítico global.

Tercera Guerra Mundial

Estamos al borde de una Tercera Guerra Mundial, a la que Occidente nos está empujando obsesivamente. Y esto ya no se trata de miedo ni de una expectativa, es un hecho. Rusia está en guerra con Occidente como colectivo, con la OTAN y sus aliados (aunque no con todos ellos: Turquía y Grecia tienen su propia posición, y varios países europeos, principalmente Francia e Italia, pero no sólo ellos, no quieren participar activamente en la guerra con Rusia). Y, sin embargo, la amenaza de la Tercera Guerra Mundial está cada vez más cerca.

Si se llegará o no al uso de armas nucleares es una interrogante abierta. Pero la probabilidad de un Armagedón nuclear aumenta día a día. Está bastante claro, y muchos líderes militares estadounidenses (como el ex comandante de las Fuerzas Armadas de los Estados Unidos en Europa, Ben Hodges) lo proclaman abiertamente: Occidente, incluso, ya no estará satisfecho con nuestra retirada completa del territorio de la antigua Ucrania, sino que terminarán en nuestro propio suelo. Jens Stoltenberg insiste en la "rendición incondicional", Ben Hodges en la "desimperialización", en el desmembramiento de Rusia.

En 1991 Occidente se contentó con el colapso de la URSS y nuestra capitulación ideológica, principalmente abrazando la ideología liberal occidental, el sistema político y la economía bajo el liderazgo occidental. Hoy en día, la línea roja para Occidente es la existencia de una Rusia soberana, incluso dentro de las fronteras de la Federación Rusa.

La contraofensiva de las Fuerzas Armadas de Ucrania en la región de Járkov es un golpe directo de Occidente a Rusia, y todo el mundo sabe que esta ofensiva fue organizada, preparada y equipada por los mandos militares de los Estados Unidos y de la OTAN, y que tuvo lugar bajo su supervisión directa No se trata solo del uso de equipo militar de la OTAN, sino también de la participación directa de la inteligencia espacial militar occidental, además de mercenarios e instructores. A los ojos de Occidente, este es el comienzo de "nuestro fin". Una vez que hemos mostrado debilidad en la defensa de los territorios bajo nuestro control en la región de Járkov, podemos ser derrotados aún más. Este no es un pequeño éxito de la contraofensiva de Kiev, sino el primer éxito tangible de las fuerzas de la OTAN *Drang nach Osten*.[46]

Por supuesto, se puede intentar atribuir esto a "dificultades técnicas" temporales y posponer el análisis sustantivo de la situación para más adelante. Pero eso sólo retrasaría tomar razón de un hecho consumado y, por lo tanto, sólo nos deprimiría y desmoralizaría.

Por lo tanto, vale la pena admitirlo fríamente: Occidente nos ha declarado la guerra y ya la está librando. No elegimos esta guerra, no la queríamos. En 1941 tampoco queríamos la guerra con la Alemania nazi y nos negamos a creer en ella hasta el final. Pero en la situación actual, cuando se está librando contra nosotros una guerra de facto, lo que queramos

---

[46] *Drang nach Osten*: "Empuje hacia el Este", término utilizado por el nacionalismo en los siglos XIX y XX para explicar la necesidad de Alemania de extenderse hacia territorios de la Europa Oriental. Ver concepto del *Lebensraum*, el "espacio vital".

no tiene importancia. Ahora sólo importa ganar esta guerra, defendiendo el derecho de Rusia a existir.

Fin de la SVO

La SVO como una operación limitada para liberar el Dombás y una serie de territorios de *Novorossiya*[47] se ha completado. Gradualmente se convirtió en una guerra en toda regla con Occidente, donde, de hecho, el propio régimen terrorista nazi de Kiev juega sólo un papel instrumental. El intento de rodearlo y liberar parte del territorio ucraniano controlado por los nazis en *Novorossiya* manteniendo el equilibrio geopolítico de poder existente en el mundo sin cambios, como una operación técnica, ha fracasado, y pretender que simplemente estamos continuando la SVO –en algún lugar en la periferia de la atención pública– simplemente no tiene sentido.

Además de nuestra voluntad, ahora estamos en guerra, y esto se aplica a todos los ciudadanos de Rusia: cada uno de nosotros está en la mira de un enemigo, un terrorista, un francotirador, un DRG[48].

Al mismo tiempo, la situación es tal que, con todas las ganas, es imposible devolver todo a las condiciones iniciales, antes del 24 de febrero de 2022. Lo que sucedió es irreversible, y uno no debería ni siquiera temer ninguna concesión o

---

[47] *Novorossiya*, Nueva Rusia o Novorrusia, proyecto de confederación que incluía a las autoproclamadas repúblicas populares de Donetsk (RPD) y Lugansk (RPL) en los territorios de los óblast del mismo nombre en el este de Ucrania, de mayoría étnica rusa. La creación de Nueva Rusia fue proclamada el 22 de mayo de 2014.

[48] Sigla de Grupo de Sabotaje y Reconocimiento (*Diversionno-Razvedyvatel'naâ gruppa*) es una unidad de propósito especial utilizada para el reconocimiento y el sabotaje detrás de las líneas enemigas en tiempos de guerra.

compromiso de nuestra parte. El enemigo sólo aceptará nuestra completa rendición, esclavización, desmembramiento, ocupación. Así que simplemente no tenemos otra opción.

El fin de la SVO significa la necesidad de una profunda transformación de todo el sistema político y social de la Rusia moderna, para colocar al país sobre los cimientos de la guerra, en la política, la economía, la cultura y la esfera de la información. La SVO podría seguir siendo un contenido importante, pero no el único, de la vida social de Rusia. La guerra con Occidente lo subyuga todo.

Frente ideológico

Rusia se encuentra en un estado de guerra ideológica. Los valores que defiende el Occidente globalista –la agenda LGBT, la legalización de las perversiones, las drogas, la fusión del hombre con la máquina, la mezcla total en el curso de la migración incontrolada, etc.– están inextricablemente vinculados con su hegemonía político-militar y su sistema unipolar. El liberalismo occidental y el dominio militar, político y económico global de los Estados Unidos y la OTAN son una sola entidad. Luchar contra Occidente y aceptar (aunque sea parcialmente) sus valores, en nombre de los cuales está librando una guerra contra nosotros una guerra de aniquilación, es simplemente absurdo.

Nuestra propia ideología de pleno derecho debe sernos "útil" hoy. Si no es así, perderemos. Occidente continuará atacándonos tanto desde el exterior, a través de nazis ucranianos armados y entrenados, como desde dentro, con una quinta columna permanentemente liberal que corrompe hábilmente las mentes y las almas de las generaciones más jóvenes. Sin una ideología que defina claramente quién es amigo y quién enemigo, nos encontraremos casi impotentes.

La ideología debe ser expresada en términos generales de inmediato, y su esencia debe ser un rechazo completo y directo de la ideología de Occidente, el globalismo y el liberalismo totalitario, con todos sus subtipos instrumentales, incluidos el neonazismo, el racismo y el extremismo.

Movilización

La movilización es inevitable. La guerra nos concierne a todos. Sin embargo, la movilización no significa el envío forzado de reclutas al frente. Esto se puede evitar, por ejemplo, mediante la formación de un Movimiento de Voluntarios de pleno derecho, con los beneficios necesarios y el apoyo estatal.

Debemos dirigirnos a los veteranos y brindar un apoyo especial a los guerreros de *Novorossiya*. Rusia tiene pocos, pero hay partidarios en el extranjero. No debemos dudar en crear brigadas internacionales antinazis y antiglobalistas, con personas honestas de Oriente y Occidente.

Pero antes que nada, no debemos subestimar a los rusos. Somos un pueblo heroico. A un gran costo, pero hemos derrotado a un enemigo terrible más de una o dos veces en nuestra gloriosa historia. Venceremos esta guerra con Occidente, pero esta vez será una guerra popular. Ganamos en las guerras populares, en las guerras en las que grandes hombres se han despertado para luchar.

La movilización implica un cambio completo en la política de información. Las normas en tiempos de paz (que esencialmente replican ciegamente los programas y estrategias de entretenimiento occidentales y no hacen más que socavar la sociedad) deberían ser abolidas. La televisión y los medios de comunicación en general deben convertirse en instrumentos patrióticos de movilización en tiempos de guerra. Todos los conciertos, al frente, la existencia misma en el frente doméstico, también. Esto está comenzando lentamente, pero hasta ahora afecta solo a una pequeña parte de los canales. Y debería estar en todas partes.

La cultura, la información, la educación, la ilustración, la política, la esfera social, todo debe funcionar unánimemente para la guerra, es decir, para la victoria.

Economía

Cualquier estado soberano puede emitir tanta moneda nacional como necesite. Si es verdaderamente soberano. La guerra con Occidente desalienta la continuación de los juegos económicos bajo las reglas occidentales. Una economía en tiempos de guerra no puede sino ser soberana. Para la victoria, es necesario gastar tanto dinero como sea necesario. Tan sólo es necesario garantizar que la emisión se concentre en un circuito especial destinado a fines estratégicos. La corrupción en tales circunstancias debe equipararse a los crímenes de guerra.

La guerra y la comodidad son cosas incompatibles. La comodidad como meta, como pauta de vida, debe ser abandonada. Sólo los pueblos dispuestos a la privación son capaces de ganar verdaderas guerras en toda la regla.

En tales situaciones, siempre aparece una nueva galaxia de economistas, cuyo objetivo es salvar al Estado. Eso es lo primero. Los dogmas, las escuelas, los métodos y los enfoques son secundarios.

Podemos llamar a tal economía una economía de movilización o, simplemente, una economía de guerra.

Nuestros Aliados

En cualquier guerra, los aliados juegan un papel crucial. Hoy en día, Rusia no tiene muchos de ellos, pero los hay. En primer lugar, estamos hablando de aquellos países que rechazan el orden occidental liberal unipolar. Son los defensores de la multipolaridad, como China, Irán, Corea del Norte, Serbia, Siria, la República Centroafricana, Malí, así como, en cierta medida, India, Turquía, varios países islámicos, africanos y latinoamericanos (especialmente Cuba, Nicaragua y Venezuela).

Para contrarrestar el orden occidental, liberal y unipolar, es necesario movilizar todos los recursos disponibles, no sólo la diplomacia profesional, sino también la popular. Y eso, de nuevo, requiere ideología. Debemos convencer a los aliados de que hemos decidido romper con el globalismo y la hegemonía occidental de manera irreversible y que estamos preparados para llegar hasta el final en la construcción de un mundo multipolar. Aquí debemos ser coherentes y decididos. El tiempo de los semitonos y los compromisos ha terminado. La guerra de Occidente contra Rusia está dividiendo a la humanidad en dos trincheras.

Factor espiritual

El punto central del conflicto global que ha comenzado es el aspecto espiritual y religioso. **Rusia está en guerra con una civilización antirreligiosa que lucha contra Dios y está destruyendo los cimientos mismos de los valores espirituales y morales: Dios, la iglesia, la familia, el género, el hombre**. Con todas las diferencias entre la ortodoxia, el islam tradicional, el judaísmo, el hinduismo o el budismo, todas las religiones y culturas construidas sobre ellas reconocen la verdad divina, la alta dignidad espiritual y moral del hombre, honran las tradiciones e instituciones: el estado, la familia, la comunidad. El Occidente moderno ha abolido todo esto, reemplazándolo con la realidad virtual, el individualismo extremo, la destrucción del género, la vigilancia universal, una "cultura de abolición" totalitaria, una sociedad de la posverdad.

El satanismo abierto y el racismo absoluto están desenfrenados en Ucrania, y Occidente apoya esto.

Estamos tratando con lo que los ancianos ortodoxos llaman la "civilización del Anticristo". Por lo tanto, el

papel de Rusia es unir a los creyentes de diferentes religiones en esta batalla decisiva.

No esperes hasta que el enemigo del mundo destruya tu hogar, mate a tu esposo, hijo o hija... En algún momento, será demasiado tarde. Dios no quiera que vivamos para ver ese momento.

La ofensiva del enemigo en la región de Járkov es exactamente eso: el comienzo de la verdadera guerra de Occidente contra nosotros.

Occidente demuestra su intención de iniciar una guerra de aniquilación contra nosotros: la Tercera Guerra Mundial. Debemos reunir todo nuestro potencial nacional más profundo para repeler este ataque. Por todos los medios: pensamiento, poder militar, economía, cultura, arte, movilización interna de todas las estructuras del estado y de cada uno de nosotros.

TRES ESCENARIOS
DEL FUTURO DE RUSIA

Por **Aleksandr Dugin**

Publicado originalmente en *Geopolitica.ru*
[21 de sept. 2022][49]

Hemos llegado a un punto en que es posible imaginar cuáles serán los posibles escenarios futuros tanto para Rusia como para el resto mundo. Después de todo, la guerra en Ucrania se está convirtiendo en el preludio de una Tercera Guerra Mundial. Por supuesto, sabemos muy bien que todo esquema simplifica la realidad, pero recurriendo a ellos somos capaces de darle sentido a la realidad y ponderar los posibles resultados de lo que sucederá. Vamos a explorar tres escenarios objetivos y un cuarto subjetivo. Por lo tanto, existe una cierta asimetría entre todos estos escenarios y la forma en que los expondremos. La lógica opera intentando crear cadenas causales que producen efectos y se convierten en hechos verificables, mientras que las ideas subjetivas no son más que visiones restringidas a ciertos grupos o actores que toman decisiones intentando influir en los acontecimientos.

---

[49] Ver: https://www.geopolitika.ru/es/article/tres-escenarios-del-futuro-de-rusia

El escenario catastrófico: "desimperialización" de Rusia (Finis Rossiae)

Empecemos exponiendo el peor escenario: supongamos que el contraataque de las fuerzas ucranianas y la OTAN en Járkov y el Dombás tiene éxito. Para saber que sucederá no es necesario escuchar lo que dicen los pesimistas y críticos (así como toda clase de participantes) dentro de nuestro país: tal escenario es descrito claramente por la propaganda oficial de los nazis ucranianos que afirman abiertamente que invadirán Crimea y las regiones de Belgorod, Kursk, Rostov y Voronezh hasta llegar a Moscú. Tales planes también han sido expresados por los rusófobos y los liberales rusos: será el fin de Rusia, *Finis Rossiae*. En caso de producirse tales acontecimientos no solo el gobierno, sino también Rusia misma llegará a su fin. No pasará lo mismo que en 1991, cuando la URSS colapsó de forma tranquila y senil, más bien veremos un asesinato sangriento.

En caso de que nuestras tropas en el frente terminen por retroceder (algo que ha estado sucediendo desde hace treinta años), entonces nuestro país colapsará tanto por razones internas como externas. Es un escenario donde lo objetivo y lo subjetivo se unen hasta dar nacimiento a una ideología política: este es el sueño de Kiev, los globalistas y los partidarios de Navalny, Akhedzhakova y Eco Moscú (la quinta columna)[50]. Los problemas que lastramos desde el inició de la Operación Militar Especial se volverán contra

[50] La emisora de radio independiente Eco Moscú representaba una permanente voz crítica del Kremlin. Propiedad de Gazprom Media, empresa ligada al gigante productor de gas y de crudo, fue fundada en 1990 y cerrada en marzo de 2022 luego de que el ente regulador de las comunicaciones, Roscomnadzor, bloqueara las emisiones y las páginas web de la estación. A su vez, el abogado y político Alekséi Navalni y la reconocida actriz Liya Medzhidovna Akhedzhakova, son firmes opositores de Putin y acérrimos críticos de la Operación Militar Especial (SVO).

nosotros y nos destruirán: la falta de suministros en el ejército, así como los errores de cálculo estratégicos cometidos (los cuales ya se han hecho evidentes) y nuestra dependencia de la tecnología extranjera –a la cual ya no tenemos acceso y que afecta nuestro armamento– causarán nuestra ruina. En caso de que esto se produzca, tanto las autoridades como el gobierno tendrán que pagar el precio de la derrota y Rusia desaparecerá. Nadie podrá escapar de las retaliaciones que vendrán.

Segundo escenario: el fin de la historia y de toda la humanidad

El segundo escenario sería el apocalipsis nuclear, el cual se hará cada vez más probable en la medida en que Moscú comience a perder terreno. Es evidente que esta es una posibilidad, pues las afirmaciones de que «las potencias nucleares no pierden las guerras» van dirigidas precisamente a esto. Lo mismo se aplica a las palabras de Putin de que «habrá muertes y muchos irán al cielo» o «que la paz no podrá ser dictaminada sin Rusia».

¿Este escenario es posible? Sí, evidentemente. ¿Acaso el gobierno ruso está considerando este escenario? Sí, lo está haciendo. Todo lo anterior nos lleva a concluir que existen una cierta cantidad de causas objetivas y subjetivas que muy probablemente desencadenarán tal escenario y debemos prepararnos para enfrentarlo. Por lo tanto, existen los requisitos mínimos para que se cumplan tales condiciones y se tomen decisiones que nos lleven por ese camino.

Putin mismo ha dicho que nuestros enemigos no esperan nuestra rendición y cita el ejemplo de Salvador Allende, el cual luchó con una ametralladora hasta su muerte. La diferencia radica en que Allende no tenía acceso a armas nucleares y sólo podía matar a unos cuantos enemigos antes de morir.

No obstante, la opción nuclear podría haber comenzado ya, pues el bombardeo contra la central nuclear de Zaporiyia por parte de las fuerzas ucranianas pudo haber tenido este fin (VER). Tal ataque equivaldría a un ataque nuclear en territorio ruso, especialmente porque las armas que usan los ucranianos son proveídas por Occidente y es este último el que decide dónde usarlas y cuáles son los blancos a los que van dirigidas. Por supuesto, Ucrania no es el centro de toma de decisiones, sino los países que se encuentran en el Atlántico. Rusia puede recurrir al uso de armas nucleares, pues la derrota sería la aniquilación tanto de nuestro Estado como de nuestro pueblo. El hecho de que se recurra a la disuasión nuclear como medio para sobrevivir es una posibilidad. Claro, Occidente sigue considerándose el único sujeto que puede actuar en el mundo y es probable que eso cauce graves consecuencias cuando las tensiones aumenten.

El escenario de la victoria: la guerra santa y el triunfo de los defensores de la multipolaridad

El tercer escenario es sin duda el más importante y el único que nos conducirá a la victoria. Se esta produciendo una revolución desde arriba en Rusia, y Putin ha roto totalmente con Occidente. Esta ruptura total e irreversible debe convertirse en una ideología que cambie el rumbo y la existencia estratégica de nuestro país. Eso implica la abolición de todos los compromisos que todavía tenemos y la transformación de nuestro país en un Imperio popular con un carácter religioso y socialista (anticapitalista). El liberalismo y el occidentalismo serán condenados, mientras que el sabotaje, el robo, la pereza y la corrupción serán juzgados según los estándares de la guerra. El Estado y el pueblo ruso se volverán uno y la Operación Militar Especial en Ucrania será de ahora en adelante una guerra santa contra Occidente (VER). Ser o no ser, he ahí el dilema.

¿Es posible que este escenario se vuelva realidad?

Sí, especialmente porque muchos acontecimientos, causas y factores objetivos –incluida la sana y fuerte reacción en contra de los errores que hemos cometido, en particular en la región de Járkov– así lo dan a entender.

¿Acaso tal escenario tiene un sujeto?

Sí, el pueblo, la sociedad y la gente de Rusia, que en su mayoría son patriotas convencidos, así como una parte de la élite –por supuesto, no toda la élite, en especial los que están más arriba–, están en capacidad de convertirse en tal sujeto. Nuestra sociedad esta preparada para asumir este papel y lo vemos igualmente en todos los que se encuentran involucrados en la guerra. El problema real es la movilización general y la proclamación abierta de la ideología de la victoria, eso significa el fin de cualquier compromiso con Occidente.

Además, la mayoría de los funcionarios públicos rusos son patriotas convencidos. Lo mismo se aplica al pueblo ruso: sólo los agentes de influencia y algunos enfermos mentales (los bichos raros existen en todas partes) no lo son. **En caso de que se lleve a cabo esta revolución patriótico-popular desde arriba la movilización general se producirá por sí misma y Rusia entrará en una guerra santa de escala planetaria. Los staretz, los filósofos y los héroes de nuestra historia predijeron tal acontecimiento: llegará el momento en que los rusos deberán luchar contra el mal, el Anticristo, y convertirse en *Katechón*.** Durante la época soviética tal escenario era narrado de una forma diferente, pero el esquema básico era el mismo: Rusia luchaba contra Occidente con la intención de salvar a la humanidad e instaurar un futuro justo y brillante en todo el mundo. Este momento ha llegado de nuevo (VER).

El primer paso para llevar a cabo este escenario es acabar con toda dependencia ideológica, tecnológica, psicológica, económica y cultural de Occidente, ya que nos impide llevar a cabo muchas cosas. Occidente domina sectores clave de la vida rusa como la informática, la tecnología, la cultura y el sistema financiero. Poseemos muchos recursos naturales, pero las ideas y los métodos que usamos son copias occidentales. El hardware de los recursos naturales es importante, pero el software ideológico y tecnológico lo es aún más. El principal objetivo de la revolución popular desde arriba debe ser liquidar al Occidente interno –tanto a las formas residuales de liberalismo como los códigos que han implantado en nosotros– lo más rápido posible. No es una tarea fácil, pero los otros dos escenarios son mucho peores.

Último escenario: el statu quo y la ilusión vacía

El último escenario es uno que no existe objetivamente, pero que subjetivamente sigue teniendo cierto peso. Podríamos llamarlo la mentalidad del "statu quo" o el "Rublevka colectivo" [Nota: *Rublevka* o *Rublyovka* es el nombre no oficial que recibe la zona residencial de los ricos en Moscú. Su nombre deriva de la autopista: *Rublyovskoye*. Oficialmente no existe una zona administrativa con ese nombre, pero se ha hecho popular en la sociedad y en los medios de comunicación. Se caracteriza por un aire limpio y un importante cuidado del hábitat a diferencia del resto de Moscú]. Con ello nos referimos a todos los altos funcionarios y empresarios que, por razones desconocidas, siguen creyendo que Rusia podrá volver al estado anterior del 24 de febrero de 2022 y que no han acontecido todavía grandes cambios. Es una mentalidad obtusa: ni los informes de guerra, ni los actos terroristas en nuestro país o las transformaciones del nuevo orden mundial parecen cambiarla.

Se trata de la gente que sigue compitiendo por el poder, promoviendo sus fichas en los puestos administrativos, eliminando a sus competidores e intentando mantener sus fortunas. Para ellos pareciera que nada ha sucedido y sólo se adaptan a la nueva situación porque deben. Popularmente son designados como los «partidarios de la traición» o el «pantano». No obstante, es un error tomarlos en serio, pues no son capaces de traicionar o llevar a cabo nada, pues ni las autoridades ni el pueblo ni nadie los toma en serio.

Occidente y Kiev tampoco negociarán con ellos, pues hemos pasado el punto de no retorno, especialmente ahora que la Operación Militar Especial ha agudizado las contradicciones entre los diferentes actores: la unipolaridad y la multipolaridad no pueden coexistir o, mejor dicho, existe una lucha entre los partidarios de la unipolaridad y la multipolaridad. Todo lo anterior implica que Rusia (y también China) defiendan su soberanía en esta guerra. Otra opción es imposible. Las guerras deben ganarse y nuestra victoria implica el triunfo de la multipolaridad. En caso de que esto no suceda, entonces Rusia dejará de existir y no volveremos a la década de 1990 o a un periodo anterior al 24 de febrero del 2022, más bien seremos aniquilados.

Los tres primeros escenarios son posibles, pero este último no. Existe como un consuelo o una inercia propia de la mentalidad de las personas, pero no como una realidad objetiva. Por supuesto, muchas personas en la élite rusa han adoptado esta posición y dicen que «todo terminará por arreglarse». Tales afirmaciones sin duda desencadenan la justa ira de los patriotas, aunque es imposible que este escenario ocurra y no vale la pena desperdiciar esfuerzos en combatirlo. La capitulación de Rusia en la década de 1990 fue posible y se hicieron muchos compromisos, entre ellos la aceptación por parte de Moscú de la globalización impulsada por Occidente, nuestro lugar en la división internacional del trabajo, la integración de Rusia en el liberalismo, los acuerdos de Minsk, etc. Todo esto sucedió antes del lanzamiento de la Operación Militar Especial.

Sin embargo, ha llegado el momento de ser o no ser. El "Rublevka colectivo" se ha desvanecido: claro, las casas, los guardias, los coches caros, los conciertos, los ladrones y funcionarios públicos que desean hacer parte de la Academia Rusa de Ciencias siguen allí, pero todo esto es un espejismo, una quimera. A lo único que estos personajes se dedican es a parpadear preguntándose «si existe o no existe una Rusia soberana o si somos parte de Occidente».

Ahora bien, Rusia es una entidad popular que debe empezar la movilización general en todos los frentes: espiritual, ideológico, tecnológico y económico. Es una lucha de vida o muerte frente a un enemigo absoluto. De lo contrario o seremos una colonia desmembrada y ocupada por la OTAN y los nazis ucranianos o un desierto post-apocalíptico (primer y segundo escenario).

Sólo existen tres escenarios objetivos donde se decide el destino de nuestro pueblo y la humanidad y un cuarto escenario subjetivo sin peso. Estos escenarios son la balanza que decidirá nuestro futuro. El partido de la traición ya no existe porque el tiempo de los compromisos y las concesiones se acabó: fantasmas que todavía caminan, pero que no tienen poder. Solo queda ser o no ser, nada más.

**CÓMO EVITAR
OTRA GUERRA MUNDIAL**

Por **Henry Kissinger**

Publicado originalmente en *The Spectator*
[17 diciembre 2022][51]

La Primera Guerra Mundial fue una especie de suicidio cultural que destruyó la preeminencia de Europa. Los líderes europeos caminaron sonámbulos –en palabras del historiador Christopher Clark– hacia un conflicto en el que ninguno de ellos habría entrado si hubieran previsto el final de la guerra mundial en 1918. En las décadas anteriores, habían expresado sus rivalidades creando dos conjuntos de alianzas cuyas estrategias se habían vinculado por sus respectivos calendarios de movilización. Como resultado, en 1914, se permitió que el asesinato del príncipe heredero austriaco en Sarajevo, Bosnia, por un nacionalista serbio se convirtiera en una guerra general que comenzó cuando Alemania ejecutó su plan multipropósito para derrotar a Francia atacando a la neutral Bélgica en el otro extremo de Europa.

Las naciones de Europa, insuficientemente familiarizadas con la forma en que la tecnología había mejorado sus respectivas fuerzas militares, procedieron a infligirse una devastación sin precedentes entre sí. En agosto de 1916, después de dos años de guerra y millones de bajas, los principales combatientes en Occidente (Gran Bretaña, Francia y Alemania) comenzaron a explorar las

---

[51] H. Kissinger. *How to avoid another world war*. The Spectator, 17 de diciembre 2022. Ver online: https://www.spectator.co.uk/article/the-push-for-peace/

perspectivas de poner fin a la carnicería. En el Este, los rivales Austria y Rusia habían extendido sensores comparables. Como ningún compromiso concebible podía justificar los sacrificios ya incurridos y porque nadie quería transmitir una impresión de debilidad, los diversos líderes dudaron en iniciar un proceso de paz formal. Por lo tanto, buscaron la mediación estadounidense. Las exploraciones del coronel Edward House, emisario personal del presidente Woodrow Wilson, revelaron que una paz basada en el *status quo ante* modificado estaba al alcance. Sin embargo, Wilson, aunque dispuesto y finalmente ansioso por emprender la mediación, la retrasó hasta después de las elecciones presidenciales de noviembre. Para entonces, la ofensiva británica del Somme y la ofensiva alemana de Verdún habían sumado otros dos millones de bajas.

En palabras del libro sobre el tema de Philip Zelikow, la diplomacia se convirtió en el camino menos transitado. La Gran Guerra se prolongó durante dos años más y se cobró millones de víctimas más, dañando irremediablemente el equilibrio establecido de Europa. Alemania y Rusia fueron desgarradas por la revolución; el estado austrohúngaro desapareció del mapa. Francia había sido desangrada. Gran Bretaña había sacrificado una parte significativa de su generación joven y de sus capacidades económicas a los requisitos de la victoria. El punitivo Tratado de Versalles que puso fin a la guerra resultó mucho más frágil que la estructura que reemplazó.

¿Se encuentra el mundo de hoy en un punto de inflexión comparable en Ucrania, ya que el invierno impone una pausa en las operaciones militares a gran escala allí? He expresado repetidamente mi apoyo al esfuerzo militar aliado para frustrar la agresión de Rusia en Ucrania. Pero se acerca el momento de aprovechar los cambios estratégicos ya logrados e integrarlos en una nueva estructura para alcanzar una paz negociada.

Ucrania se ha convertido en un estado importante en Europa Central por primera vez en la historia moderna. Con la ayuda de sus aliados e inspirada por su presidente, Volodymyr Zelensky, Ucrania ha obstaculizado las fuerzas convencionales rusas que han estado dominando Europa desde la Segunda Guerra Mundial. Y el sistema internacional, incluida China, se opone a la amenaza o el uso de sus armas nucleares por parte de Rusia.

Este proceso ha planteado las cuestiones originales relativas a la pertenencia de Ucrania a la OTAN. Ucrania ha adquirido uno de los ejércitos terrestres más grandes y efectivos de Europa, equipado por Estados Unidos y sus aliados. Un proceso de paz debería vincular a Ucrania con la OTAN, independientemente de cómo se exprese. La alternativa de la neutralidad ya no tiene sentido, especialmente después de que Finlandia y Suecia se unieron a la OTAN. Por eso, en mayo pasado recomendé establecer una línea de alto el fuego a lo largo de las fronteras existentes donde comenzó la guerra el 24 de febrero. Rusia renunciaría entonces a sus conquistas, pero no al territorio que ocupó hace casi una década, incluida Crimea. Esa zona puede negociarse tras un alto el fuego.

Rusia devolverá sus conquistas entonces, pero no el territorio que ocupó hace casi una década, incluida Crimea. Ese territorio podría ser objeto de una negociación después de una cesación del fuego.

Si la línea divisoria anterior a la guerra entre Ucrania y Rusia no puede lograrse mediante el combate o la negociación, se podría explorar el recurso del principio de la autodeterminación. Bajo supervisión internacional se podrían celebrar referendos de autodeterminación en zonas especialmente polémicas que han cambiado de manos repetidamente a lo largo de los siglos

El objetivo de un proceso de paz sería doble: confirmar la libertad de Ucrania y definir una nueva estructura internacional, especialmente para Europa Central y Oriental. Eventualmente, Rusia debería encontrar un lugar en tal orden. Algunos prefieren una Rusia impotente por la guerra. No estoy de acuerdo. A pesar de su propensión a la violencia, Rusia ha contribuido decisivamente al equilibrio de poder en el mundo durante más de medio milenio. No se debe menospreciar ese papel histórico.

Los reveses militares de Rusia no han eliminado su capacidad nuclear global, lo que le permite amenazar con una escalada en Ucrania. Incluso si esta capacidad se ve disminuida, la disolución de Rusia o la destrucción de su capacidad de política estratégica podría convertir su territorio que abarca 11 zonas horarias en un vacío disputado. Sus sociedades competidoras podrían decidir resolver sus disputas mediante la violencia. Otros países podrían tratar de ampliar sus reclamaciones por la fuerza. Todos estos peligros se verían agravados por la presencia de miles de armas nucleares que hacen de Rusia una de las dos potencias nucleares más grandes del mundo.

A medida que los líderes mundiales se esfuerzan por poner fin a la guerra en la que dos potencias nucleares se enfrentan a un país convencionalmente armado, también deberían reflexionar sobre el impacto en este conflicto y en la estrategia a largo plazo de la incipiente alta tecnología y la inteligencia artificial. Ya existen armas autónomas capaces de definir, evaluar y atacar sus propias amenazas percibidas y, por lo tanto, están en condiciones de comenzar su propia guerra.

Una vez que se cruce la línea en este reino y la alta tecnología se convierta en armamento estándar, y las computadoras se conviertan en los principales ejecutores de la estrategia, el mundo se encontrará en una condición para la cual aún no tiene un concepto establecido. ¿Cómo pueden los líderes ejercer control cuando las computadoras prescriben instrucciones estratégicas a una escala y de una manera que inherentemente limita y amenaza el aporte humano? ¿Cómo se puede preservar la civilización en medio de tal vorágine de información, percepciones y capacidades destructivas contradictorias?

Todavía no existe una teoría para este mundo disruptivo y los esfuerzos consultivos sobre este tema aún no han evolucionado, tal vez porque las negociaciones significativas podrían revelar nuevos descubrimientos, y esa divulgación en sí misma constituye un riesgo para el futuro. Superar la división entre la tecnología avanzada y el concepto de estrategias para controlarla, o incluso comprender todas sus implicaciones, es un tema tan importante hoy en día como el cambio climático y requiere líderes con un dominio tanto de la tecnología como de la historia.

La búsqueda de la paz y el orden tiene dos componentes que a veces se consideran contradictorios: la búsqueda de seguridad y la exigencia de reconciliación. Si no podemos lograr ambos, no podremos alcanzar ninguno de los dos. El camino de la diplomacia puede parecer complicado y frustrante, pero avanzar por ese camino requiere tanto la visión como el valor para emprender el viaje.